Die

Heimarbeit in der Dresdner Zigarettenindustrie.

Von

Dr. rer. pol. Friedrich Sternthal.

„Das Wahre muß man immer wiederholen, weil auch der Irrtum um uns her immer wieder gepredigt wird. In Zeitungen und Enzyklopädien, auf Schulen und Universitäten: überall ist der Irrtum obenauf, und es ist ihm wohl und behaglich im Gefühl der Majorität, die auf seiner Seite ist." Goethe.

München und Leipzig,
Verlag von Duncker & Humblot.
1912.

Alle Rechte vorbehalten.

Altenburg
Pierersche Hofbuchdruckerei
Stephan Geibel & Co.

Dem Andenken

weiland meiner Mutter.

Vorwort.

Über Heimarbeit ist viel geschrieben. Über Zigarettenindustrie gibt es wertvolle Arbeiten. Wie kommt es, daß trotzdem von der Heimarbeit in der Zigarettenindustrie nur wenige, noch dazu unzulängliche und zum Teil unzutreffende Schilderungen entworfen sind?
Diese Mängel erklären sich aus der großen Schwierigkeit, die Heimarbeiter wirklich in ihrer Tätigkeit und ihrer Häuslichkeit zu studieren. Die Fabrikanten haben aus Gründen, die in dieser Abhandlung dargelegt werden, ein starkes Interesse daran, daß die Wohnungen ihrer Heimarbeiter der Öffentlichkeit unbekannt bleiben. Da es sich in der Dresdner Zigarettenindustrie bei der Heimarbeit fast ausschließlich um verheiratete Frauen handelt, so sind die Adressen nicht aus dem Adreßbuch oder sonstigen öffentlichen Listen zu ersehen, und daher ist es meist unmöglich, zu den Heimarbeiterinnen Zugang zu finden. So erklärt sich, daß viele Schilderer sich rein theoretisch mit dem Problem der Heimarbeit befassen, ohne die tatsächlichen Verhältnisse aus eigener Anschauung zu kennen.
Wenn es mir gelungen ist, in Dresden zahlreiche Heimarbeiterinnen aufzusuchen, so verdanke ich die Kenntnis der Adressen besonders günstigen Umständen, für deren Herbeiführung ich ihren Urhebern hier meinen innigen Dank ausspreche. Eine bestimmte Zahl Adressen wurde mir von jener wohlinformierten Stelle ausgehändigt, und ich habe sie persönlich dadurch vervollständigt, daß ich mir von den dort genannten Heimarbeiterinnen die Adressen vieler nichtgenannter geben ließ und mich so von einer zur anderen weiterfragte, bis ich schließlich im ganzen 61 Heimarbeiterinnen aufgesucht und in ihrer Tätigkeit sowie ihrer Häuslichkeit studiert hatte. Diese 61 Frauen verteilen sich auf fast sämtliche Dresdner Zigarettenfabriken, soweit sie Heimarbeiterinnen beschäftigen. Außerdem besuchte ich weitere 32 Frauen in Begleitung der Kontrollbeamtin des Verbandes der Zigarettenindustrie für Dresden und Umgegend. Nähere Aufschlüsse über die Quellen

zu dieser Arbeit gibt das Verzeichnis am Ende der Abhandlung.

Sie beschränkt sich auf die Darstellung der Heimarbeit in der **Dresdner** Zigarettenindustrie, weil einzig die **Dresdner** Verhältnisse in dieser Hinsicht eine Besprechung lohnen. In der Berliner Zigarettenfabrikation ist die Frage der Heimarbeit nicht von der wesentlichen Bedeutung wie in Dresden, überdies so verworren, daß sie eine wissenschaftliche Darstellung vereitelt. In den übrigen deutschen Städten mit Zigarettenindustrie spielt die Heimarbeit gleichfalls nicht die wichtige Rolle wie in Dresden, dem Hauptsitze der gesamten deutschen Zigarettenproduktion. —

Der eigentlichen Darstellung dieser Arbeit geht ein Abschnitt über die Entstehung und Entwicklung der deutschen, besonders der Dresdner Zigarettenindustrie voraus, um die Stellung und Bedeutung der Heimarbeit für diesen Industriezweig in den späteren Ausführungen besser erkennen zu lassen; darauf folgt eine Erörterung des Begriffs der Heimarbeit, wie er hier verstanden wird, um dem Leser Zweifel und Fragen in der eigentlichen Schilderung zu ersparen. —

Es ist mir nicht möglich, all denen einzeln zu danken, die sich beim Sammeln des Materials in vielfach geradezu selbstloser Weise für mich bemüht haben. Sie mögen aber als reinen Dank empfinden, daß ihrer aller Unterstützung die Voraussetzung für diese Abhandlung bildete.

Am Ende meiner volkswirtschaftlichen Studien danke ich vor allem den Herren Professoren von Schmoller und Sering in Berlin, in deren Seminar diese Arbeit entstand und fortgeführt wurde und deren Belehrungen und Anregungen ich die Möglichkeit volkswirtschaftlichen Erkennens verdanke, sowie Herrn Privatdozent Dr. Skalweit in Berlin, dessen reges Interesse diese Arbeit gefördert hat[1]. —

Möchten die nachfolgenden Blätter der Öffentlichkeit die schwierigen Fragen und vielverschlungenen Zusammenhänge in der Heimarbeit der Dresdner Zigarettenindustrie erklären und entwirren helfen!

Würzburg, am 14. November 1911.

Der Verfasser.

---

[1] Die Arbeit hat als Dissertation der rechts- und staatswissenschaftlichen Fakultät der Universität Würzburg vorgelegen.

I.
Entstehung, Entwicklung und gegenwärtige Lage der deutschen, besonders der Dresdner Zigarettenindustrie.

Die Zigarette in der jetzt gebräuchlichen Form — mit und ohne Mundstück — ist eine russische Erfindung aus der Zeit um 1830. Bis dahin kannte man dort neben der Pfeife, die zu Peters des Großen Zeit aus Holland eingeführt wurde, nur die selbstgedrehte Zigarette. Sie wurde zuerst in Spanien hergestellt und drang, anscheinend auf dem Wege über Südfrankreich und die Küstenländer des Mittelmeeres, vor allem in die Levante ein. Von dort verbreitete sie sich in der ersten Hälfte des vorigen Jahrhunderts auch bis nach Rußland, wo sie die erwähnte nationalrussische Form erhielt, während die Türken nun diese Form annahmen. Als die Russen um 1850 türkische Tabake bei sich einführten, stieg der Zigarettenkonsum Rußlands ins Ungeheure und verdrängte alsbald alle anderen Arten des Tabakgenusses fast völlig.

In Deutschland begegnete man der Zigarette äußerst selten. Nur die Geschäfte für Rauch- und Schnupftabak in den größeren Städten führten — wenn auch in geringer Menge — dieses dazumal noch recht teure Tabakprodukt. Noch im Jahre 1837, als im Süden und Osten Europas die Zigarette schon ein beliebtes, vielbegehrtes Genußmittel geworden war, wird z. B. neben den neunzehn sächsischen „Fabrikgeschäften" für Rauch- und Schnupftabak keine Zigarettenfabrik erwähnt.

Die erste deutsche Zigarettenfabrik wurde 1862 in Dresden als Filiale der Petersburger „Compagnie Laferme" von Joseph Huppmann gegründet, „um", wie er später sagte, „von Deutschland aus den zunehmenden Export der russischen bzw. türkischen Zigaretten zu befriedigen". Huppmann ließ sich aus Rußland einen Tabakschneider und zwei Zigarettendreherinnen kommen, die vier deutsche Mädchen anlernten. Von diesem kleinen Betriebe aus hat die deutsche Zigarettenindustrie ihre ungeahnte Riesenentwicklung genommen.

Da man sich in Deutschland mit der neuen Form des

Tabakgenusses nicht so schnell befreunden konnte, so gingen die Dresdner Zigaretten fast zwei Jahrzehnte lang ins Ausland, vorwiegend nach Italien. 1878 führte die Compagnie Laferme noch $^5/_6$ ihrer Produktion über die Grenze des deutschen Zollgebietes; ihre Ausfuhr belief sich 1877 auf 75% ihrer Gesamterzeugung von Zigaretten, nach Wert entfielen damals 70% ihres Gesamtumsatzes auf das Ausland. Allein Italien war 1877 und 1878 Abnehmer von 50% bzw. 49% der Gesamtproduktion der Compagnie Laferme. Ähnlich war es mit den anderen Zigarettenfabriken. Nach dem großen wirtschaftpolitischen Umschwung zu Ende der siebziger Jahre führten außer Deutschland allmählich auch die meisten fremden Staaten hohe Schutz-, zum Teil sogar Prohibitiv-, Zölle ein, sodaß heutzutage die Zigarettenausfuhr aus Deutschland unbedeutend ist.

Denn während der siebziger Jahre schon und seitdem in immer stärker steigendem Maße wuchs die Masse der Zigarettenkonsumenten in Deutschland selbst und damit die Zahl der Fabriken. In Dresden gab es Zigarettenfabriken:

1862 = 1	1890 = 28
1870 = 3	1900 = 41
1877 = 9 [1]	1911 = 46.
1880 = 21	

Diese Zunahme des Zigarettenkonsums wird einmal aus Gründen des Geschmacks und der Mode begreiflich: Allerdings erklären die deutschen Zigarettenfabrikanten selbst, sie wüßten kein bestimmtes Ereignis oder einen bemerkenswerten Umstand für das mächtige Anwachsen des Zigarettenrauchens, besonders seit Anfang der achtziger Jahre, anzugeben. Aber es scheint doch, daß der Krimkrieg [2], der zunehmende Verkehr mit dem Orient und vor allem die engere Berührung mit dem „Zigarettenland" Ägypten [3] während des Baues und nach der Eröffnung des Suezkanals bei den mittel- und westeuropäischen Völkern Vorliebe für die Zigarette erweckten. Und zwar gefiel den Deutschen der unvergleichlich milde und feine Geschmack des gelben Tabaks aus der europäischen und asiatischen Türkei, während die Franzosen, (und daher auch die Elsaß-Lothringer des neuen Deutschen Reiches!), den schwarzen, scharfen, beißenden Tabak bevorzugten.

Die Fabriken sahen sich genötigt, zur Reklame zu greifen, um ihre Fabrikate bekannt zu machen, und trugen so natür-

---

[1] Tabakenquêtekommission!
[2] Dies ist auch die Meinung der Compagnie Laferme in Dresden.
[3] Aus Ägypten selbst kommt zwar kein Tabak, denn dort ist der Anbau sogar verboten, wohl aber werden dort die sogenannten „ägyptischen" Zigaretten aus türkischem Tabak hergestellt, die auch heute noch in Deutschland viel geraucht werden.

lich zur weiteren Verbreitung des Zigarettenrauchens bei. Man kann wohl sagen, daß — abgesehen vielleicht von der deutschen Schaumweinindustrie — kein deutscher Fabrikationszweig in so augenfälliger und umfassender Weise seine Erzeugnisse in Schrift und Bild anpreist wie die Zigarettenindustrie. Neuerdings hat das Reklamewesen derart überhand genommen, daß eine Dresdner Firma sich veranlaßt fühlte, in ihrem Bericht für das Geschäftsjahr 1910 „mit Bedauern die unverhältnismäßig hohen Reklameaufwendungen" festzustellen.

Einen weiteren Grund für die Zunahme des Zigarettenkonsums muß man darin finden, daß sich eine Zigarette viel schneller rauchen läßt als eine Zigarre. Bei der Kürze der Mußezeit, wie sie durch die Unrast des modernen Lebens bedingt wird, ist diese Tatsache nicht zu unterschätzen[1]. So mußte naturgemäß das Nervenanreizende und Geistanregende der Zigarette einen hohen Genuß[2] für eine menschliche Gesellschaft bilden, die wie die unsrige zuweilen nur mit Hilfe solcher Exzitationsmittel wie des Nikotins sich zur Leistung ihres Übermaßes von Arbeit aufpeitschen kann. Es kommt noch hinzu, daß die Zigarette, selbst in größeren Mengen genossen, die am meisten bekömmliche Form des Tabakgenusses ist, weil sie weniger Nikotin enthält als die übrigen Tabakprodukte; sie ist für den gesunden Menschen ein verhältnismäßig unschädliches Reizmittel.

In jüngster Zeit endlich hat die Verteuerung der Zigarren eine bedeutende Steigerung des Zigarettenkonsums gezeigt. Eine 6-Pfennigzigarre ist heutzutage nicht mehr schmackhaft, während der Minderbemittelte für 6 Pf. drei Zigaretten zu 2 Pf. erhält, deren Aroma seinen Geschmacksempfindungen sehr wohl angemessen ist. Diese Zunahme entspricht einer Abnahme der Produktion in der Zigarrenfabrikation sowie der Rauch-, Schnupf- und Kautabakindustrie. Diese vier Fabrikationszweige beschäftigten zusammen nach den Berichten der Tabakberufsgenossenschaft versicherungpflichtige Vollarbeiter zu 300 Arbeittagen:

1908 . . . 157 000
1909 . . . 144 472
1910 . . . 145 656

während die Zigarettenindustrie und die Zigarrenindustrie jede allein beschäftigten:

---

[1] Auch Bormann weist in seiner Arbeit über die deutsche Zigarettenindustrie ausdrücklich hierauf hin.

[2] Den klassischen Ausdruck für diese Tatsache findet man in Wildes „Picture of Dorian Gray": „A cigarette is the perfect type of a perfect pleasure. It is exquisite, and it leaves one unsatisfied. What more can one want?"

Zigarettenindustrie	Zigarrenindustrie
1908 .... 13 900	1908 .... 144 400 (?)[1]
1909 .... 14 493	1909 .... 144 545
1910 .... 14 564	1910 .... 135 867

Auch die Vierteljahrshefte zur Statistik des Deutschen Reiches sprechen von einer „Verdrängung der Zigarre zugunsten der Zigarette". Es heißt dort[2]: „Innerhalb des Tabakgewerbes hat die Herstellung von Zigaretten auf Kosten der Zigarrenherstellung bedeutend zugenommen. Die Zigarettenfabriken waren in der Lage, durch weitgehende Benutzung von Maschinen die Herstellungskosten wesentlich zu verbilligen und dadurch wenigstens einen Teil der steuerlichen Mehrbelastung auszugleichen. Überdies wirkte die Erhöhung der Zigarettensteuer auf die Preise der Zigaretten verhältnismäßig nicht so stark wie der 40 %ige Zollzuschlag auf die Preise der Zigarren. Die Zigarrenfabriken waren deshalb gezwungen, wollten sie eine allzustarke Preiserhöhung für ihre Erzeugnisse vermeiden, die Verwendung ausländischen Tabaks auf ein Mindestmaß zu beschränken, was natürlich eine Verschlechterung der Zigarren, namentlich der billigsten und billigen Sorten, bewirkte. So kommt es, daß die **große Masse der Verbraucher**, die für den Rauchgenuß nur beschränkte Mittel zur Verfügung hat, **immer mehr die Zigarette vorzieht**." Auf diesen wichtigen Passus haben wir später noch in anderem Zusammenhange zurückzukommen.

Der Verband der Deutschen Zigarettenindustrie hat sich nun mit einer Eingabe an das Kaiserliche Statistische Amt gewandt, die beweisen soll, daß die angeführte Behauptung der Vierteljahrshefte unrichtig sei und vollkommen in der Luft schwebe. Denn die Zunahme der gesamten Zigarettenproduktion betrage 14 %, während die Zunahme bei den billigsten Zigaretten, durch die die Zigarre aus ihrer dominierenden Stellung angeblich verdrängt werde, nur 10 % betrage. Zu der Antwort des Kaiserlichen Statistischen Amtes, seine Berichte stützten sich auf die Mitteilungen der Direktivbehörden, bemerkt der Verband der Deutschen Zigarettenindustrie in seinem jüngsten Geschäftsbericht[3]: „Es ist bekannt, wie diese Berichte der Direktivbehörden zustande kommen," und spricht weiter von der Absicht einer abermaligen Eingabe wegen dieser Angelegenheit. Woher der Verband sein Zahlenmaterial nimmt, ist nicht ersichtlich; aus

---

[1] Die genaue Zahl ließ sich nicht feststellen, weil mir der Bericht der Tabakberufsgenossenschaft für das Jahr 1908 nirgendwo zugänglich war. — Nach Berechnungen, die ungefähr zutreffen werden, beträgt die Zahl rund 144 400, jedenfalls weniger als 144 500; somit ist die angeführte Zahl hier beweiskräftig.
[2] Vierteljahrshefte zur Statistik des Deutschen Reiches 1910. IV. 152.
[3] Vom 23. Mai 1911.

"amtlichen" Quellen dürfte kaum das hervorgehen, was er bewiesen zu haben glaubt. Solange von ihm nicht der bündige Beweis eines Irrtums der Direktivbehörden geführt ist, wird man an deren quellenmäßigen Mitteilungen festzuhalten haben, d. h.:

1. Es hat sich gerade das Gegenteil von dem ereignet, was die Reichsregierung 1905 in der Begründung zum Entwurf eines Zigarettensteuergesetzes erhoffte, daß nämlich die Zigarettensteuer neben ihrer finanziellen Bedeutung für das Reich, gleichzeitig den Vorteil erreiche, **einen gewissen Ausgleich zu schaffen** „für die durch verschiedene Umstände, z. B. durch die ausgedehnte Maschinenverwendung in der Zigarettenindustrie, begründeten ungleichen Wettbewerbsverhältnisse der Zigarre und der Zigarette, **die ein teilweises Verdrängen der ersteren durch die letztere** zum Schaden der deutschen Zigarrenindustrie und der damit zusammenhängenden weiteren Kreise befürchten lassen." Übrigens hat die der Zigarre ungünstige Bewegung sich progressiv gesteigert, besonders unter dem Einfluß des neuen Tabaksteuergesetzes vom 15. Juli 1909.

2. Man wird also das neuerliche Anwachsen des Zigarettenzuungunsten des Zigarrenkonsums feststellen müssen. Dies ist einer der wichtigsten Umstände, dem es die Zigarettenindustrie verdankt, daß sie die ungünstigen Wirkungen der Steuergesetze von 1906 und 1909 verhältnismäßig rasch überwunden hat.

3. Ferner muß man demnach entgegen den Behauptungen vieler Zigarettenfabrikanten sagen, daß die Steuergesetze von 1906 und 1909 — dasselbe galt auch für das Gesetz von 1879 — auf die Dauer keine Verminderung des Zigarettenkonsums mit sich brachten, sondern eine starke Zunahme.

Wenn die Zigarettenindustrie als Ganzes die harten Schläge durch die Steuergesetzgebung überwunden hat, so schließt das selbstverständlich nicht aus, daß einzelne Arbeiterkategorien von dauernden oder mindestens langwierigen Schädigungen betroffen wurden, wie dies z. B. für die Heimarbeiter in den mittleren und kleinen Betrieben gilt [1].

Damit dürften die übertriebenen Behauptungen, die je nach dem Interessentenstandpunkt anders lauteten und sich nur in ihrer Leidenschaftlichkeit glichen, auf ihr richtiges Maß zurückgeführt sein.

Welche Wirkungen die Steuergesetze von 1879, 1906 und 1909 im einzelnen auf die Zigarettenindustrie ausgeübt haben, werden wir später sehen.

Am Schluß unseres Überblicks muß nur noch die Rolle des amerikanischen Tabaktrusts in Deutschland besprochen werden.

---

[1] Vgl. S. 32.

Die Consolidated Tabacco Company, das ist der amerikanische Tabaktrust, kaufte im Jahre 1901 die Zigarettenfabrik G. A. Jasmatzi in Dresden und verwandelte sie in eine Aktiengesellschaft, und später die Fabrik Josetti in Dresden und Berlin. Freilich erzielte der Trust in Deutschland nicht dieselben schnellen Erfolge wie in England und Japan, wo er bereits den Markt beherrscht und infolgedessen, nach dem Urteil des höchsten amerikanischen Gerichtshofes, eine Aufteilung der Welt hinsichtlich des Zigarettenhandels vollzogen hat. Die widerstandsfähigen deutschen Zigarettenfabriken schlossen sich gegen den Trust zusammen; ja, es wurde 1902 in Mannheim eine besondere Antitrustzeitung gegründet, das Blatt „Zigarren- und Zigarettenspezialist", das sich zur Aufgabe machte, das deutsche Publikum über die Bestrebungen des Trusts aufzuklären.

Der Trust wird hier wegen seiner volkswirtschaftlichen Gefahr genannt:

1. Bedenklich ist der scharfe Wettbewerb, den er beim Einkauf der türkischen Tabakernten den übrigen deutschen Zigarettenfirmen macht. Dieser Wettbewerb ist schon derart zugespitzt, daß es für die deutschen Fabrikanten schwierig ist, sich neben den Tabakeinkäufern des Trusts zu behaupten. Wie erwähnt, kommt für die deutsche Zigarettenindustrie nur der gelbe Tabak aus der europäischen und asiatischen Türkei in Betracht[1]; bedenkt man, daß infolge mehrerer unzulänglicher Ernten in den letzten Jahren[2] und des Anwachsens des Weltbedarfs die Preise für orientalischen Rohtabak fortgesetzt steigen[3], so versteht man, welch schweren Stand die Tabakeinkäufer der deutschen Zigarettenfabriken neben denen des Trusts hatten, der jeden beliebigen Preis für Rohtabak zu zahlen vermag. Auch die Großbetriebe litten „unter den außerordentlich gestiegenen Rohtabakpreisen"[4].

Die „Deutsch-koloniale Wirtschaftsvereinigung", kurz „Dekawe" genannt, versuchte nun in enger Fühlung mit deutschen Zigarettenfirmen durch Aussaat türkischen Tabaksamens[5] in Deutsch-Ostafrika, die deutsche Zigarettenindustrie vom internationalen Tabakmarkt unabhängig zu machen. Leider

---

[1] Die Einfuhr türkischer Tabakblätter in Deutschland betrug im Jahre 1909 aus der {europäischen / asiatischen} Türkei in 1000 Tonnen: 3725 bzw. 2369, dem Werte nach (in 1000 Mk.) 10 057 bzw. 4739.

[2] Die diesjährige Ernte soll reicher sein als die der letzten Jahre.

[3] Dies machte sich besonders 1909 bemerbar, als die Lage für die deutsche Zigarettenindustrie durch die neue Steuergesetzgebung ohnehin ungünstig war.

[4] Vierteljahrshefte zur Statistik des Deutschen Reiches 1911. III. 192.

[5] Durch Gesetz vom 1./14. April 1907 verbot die Türkei die Ausfuhr von Tabaksamen.

sind aber diese Versuche bisher sämtlich mißglückt, weil die Tabakpflanzen von Meltau zerstört wurden, der in jener Kolonie häufig vorkommt. Allerdings wird gesagt, es sei derzeit noch kein abschließendes Urteil möglich.

2. Ernste Beachtung erfordert auch die Überrumpelung der deutschen Konsumenten durch den Trust: die meisten deutschen Raucher von Trustzigaretten wissen nicht, daß sie das Produkt einer amerikanischen Trustfabrik genießen, und wenn sie es wissen, so verstehen sie die darin liegende Gefahr nicht zu würdigen, d. h. sie sind sich nicht bewußt, daß sie einer Vergewaltigung der deutschen Zigarettenindustrie durch einen fremdländischen Trust Vorschub leisten. Die grenzenlose Reklame[1] und allerlei amerikanische Geschäftspraktiken, wie z. B. Einfügung von Bons in die Zigarettenpackungen[2], haben es dem Trust ermöglicht, trotz der Tätigkeit des genannten Antitrustorgans[3] sich auch in Deutschland allmählich einen großen Kundenkreis zu erwerben[4]. Hierzu kommt, daß die Trustzigaretten in den meisten Massenverbrauchsstätten geraucht werden; das gilt ganz besonders für die Ärztekasinos in den Krankenhäusern, die Mannschaftkantinen der Kasernen und die Offizierskasinos[5].

Manche Zigarettenfabrikanten in Deutschland hoffen, daß das Urteil des höchsten amerikanischen Gerichtshofes vom 29. Mai 1911, durch das die Auflösung des Trusts ausgesprochen wurde, für die deutsche Zigarettenindustrie günstige Wirkungen haben werde. Solchem Optimismus muß man entgegenhalten, daß nach dem Urteil der Trust sich binnen sechs — eventuell acht — Monaten neu organisieren darf „in Übereinstimmung mit den Gesetzen". Es ist also anzunehmen, daß der alte Trust sich in neuer Form konstituieren und seine unvernünftige Einschränkung des Handels („unreasonable restraint of trade"), auch des deutschen, weiterhin fortsetzen wird.

Diese Trustgefahr ist eine der wichtigsten Tatsachen,

---

[1] An den großen deutschen Eisenbahnstrecken, z. B. Berlin-Frankfurt a. M.-Basel, Berlin-Köln usw., sieht man Hunderte von Reklametafeln der Firma G. A. Jasmatzi A.-G., die jeweils von Meile zu Meile aufgestellt sind.

[2] Für eine bestimmte Anzahl solcher Bons erhalten die Konsumenten bei der Einsendung je nach Wunsch ein Taschenmesser, ein Portemonnaie, eine Uhr u. dgl.

[3] Sollte es nicht möglich sein, vielgelesene Tageszeitungen für diese Aufklärungsarbeit zu gewinnen?

[4] Von den Einnahmen des Trusts kann man sich eine Vorstellung machen, wenn man hört, daß die Jasmatzifabrik ihren Aktionären letzthin 25 % Dividende zahlte.

[5] In den preußischen Offizierskasinos ist der Genuß französischen Schaumweins verboten; es wäre im Interesse der deutschen Zigarettenindustrie zu hoffen, daß auch ein Verbot gegen die amerikanischen Trustzigaretten erlassen wird.

wenn man die gegenwärtige Lage der deutschen Zigarettenindustrie beurteilen will.

Auf die Arbeitverhältnisse hat der Trust in Deutschland bis jetzt insofern Einfluß gehabt, als in der Zigarettenfabrik G. A. Jasmatzi A.-G. die Zahl der Handarbeiter auf 60 gesunken ist und die übrige Produktion der Firma gänzlich von Maschinen hergestellt wird. — —

Dies ist das Wesentlichste aus der Entwicklungsgeschichte der deutschen und der Dresdener Zigarettenindustrie.

II.

Begriff der Heimarbeit.

Heimarbeit[1] nennen wir diejenige gewerbliche Tätigkeit, die für Rechnung eines Unternehmers vom gewerblichen Arbeiter in seiner eigenen Wohnung ausgeübt wird und für die der Unternehmer den Rohstoff liefert, der nach der Verarbeitung an ihn (den Unternehmer) zurückgeht, um vor dem Verkauf noch einmal Warenkapital zu werden. Unter Warenkapital wird hier Büchers[2] Vorgang folgend ein Erwerbsmittel für eine nicht an der Produktion beteiligte Person verstanden.

Alle Formen der Arbeit, auf die nicht diese sämtlichen Merkmale zutreffen, gelten nicht als Heimarbeit. Es sind hier also alle die Arbeitformen ausgeschaltet, bei denen **auf eigene Rechnung** gearbeitet wird, ferner alle Fälle, in denen **zwar auf fremde Rechnung, aber nicht für einen Unternehmer** gearbeitet wird[3].

Ob es sich bei den ausgeschalteten Fällen im einzelnen um Handwerk oder Hausindustrie handelt, ist schwer zu sagen; es gibt Fälle, bei denen überhaupt jede Grenze zwischen Hausindustrie und Handwerk verwischt ist. Da es aber in der Zigarettenindustrie bekanntlich Handwerk nicht gibt, so sind all die Fälle gewerblicher Tätigkeit **im eigenen Heim für eigene Rechnung** als Hausindustrie anzusehen. Wir haben im Verlaufe der Abhandlung solche Fälle nur zu streifen, und beschäftigen uns mit der **Heimarbeit**, wie wir sie oben definiert haben.

---

[1] So ist auch im wesentlichen der Sprachgebrauch der Gewerkschaften, z. B. in diesem Falle des Deutschen Tabakarbeiterverbandes.
[2] Vgl. im Handwörterbuch der Staatswissenschaften.
[3] Hierher gehört der Fall, den Heyde („Die volkswirtschaftliche Bedeutung der technischen Entwicklung in der deutschen Zigarren- und Zigarettenindustrie") anführt für die Schwierigkeit einer begrifflichen Scheidung zwischen den Grenzgebieten von Handwerk und Hausindustrie: Ich liefere meinem Schneider Stoff zu einem Anzug, den er in seiner eigenen Wohnung für mich anfertigt.

Wenn Bücher sagt: „Der Arbeitsvertrag (des Heimarbeiters) steht unter der Voraussetzung, daß Frauen und Kinder einzelne Teile des Arbeitsprozesses übernehmen; tatsächlich bildet hier die Arbeitsfamilie die Produktionseinheit, nicht die Person des Heimarbeiters"[1], so gilt dies keineswegs für die Dresdner Zigarettenindustrie. Da wird Heimarbeit jeweils nur von einer Person geleistet.

Es muß dies ausdrücklich betont werden, da für die meisten anderen Industriezweige Büchers Behauptung zutrifft. Die abweichenden Dresdner Verhältnisse beweisen deutlich, daß fast jeder Industriezweig dem Wort Heimarbeit einen etwas anders gefärbten Sinn gibt; und das beweist auch, daß unsere obige Definition der Heimarbeit nicht für alle Industriezweige gültig sein kann. Unsere Definition nähert sich aber dem, was man einen Allgemeinbegriff der Heimarbeit nennen könnte. Gerade bei der Frage der Heimarbeit wird man sich bewußt, daß jede Begriffsbestimmung nicht mehr als einen logischen Erklärungsversuch bedeutet und daß der Begriff die wirkliche, lebendige Tatsache nicht zu decken vermag.

Der Begriff der Heimarbeit ist hier nur insoweit erörtert worden, als notwendig war. Eine breite theoretische Darlegung würde den Rahmen dieser Arbeit sprengen. Gibt es doch in der Literatur über diese Frage nicht zwei übereinstimmende Ansichten, geschweige denn Begriffsbestimmungen! Insbesondere werden die Begriffe Hausarbeit, Hausindustrie, Heimarbeit promiscue gebraucht. Dieser unglücklichen Gepflogenheit schließt sich der Entwurf eines Hausarbeitgesetzes an, wie er am 29. November 1910 aus der Reichstagskommission ins Plenum gekommen ist, wo er gegenwärtig noch der Beratung harrt. Über diesen Gesetzentwurf ist noch später zu reden [2].

Auch in der Reichs-Statistik herrscht ein solcher Wirrwarr der Begriffe und Bezeichnungen, das dadurch oft ihre Ergebnisse entwertet werden. Ein typisches Beispiel findet sich in Bd. 215, Tabelle 2: „Als Merkmal des Hausgewerbes galt (bei Zusammenstellen der statistischen Ergebnisse), daß der Gewerbebetrieb vorwiegend in der eigenen Wohnung oder in eigener oder selbstgemieteter Werkstätte selbständig für fremde Rechnung — zu Haus für fremde Rechnung — geführt wurde. Ein Unterschied zwischen Hausgewerbetreibenden und Heimarbeitern, welche im Gewerbebogen [3] .... und im Gewerbeformular [4] .... gesondert (!) erfragt worden, ist bei der Bearbeitung nicht (!) gemacht worden. ... Unter den als

---

[1] Vgl. im Handwörterbuch der Staatswissenschaften den Artikel „Gewerbe".
[2] Vgl. S. 52.
[3] Anläßlich der Gewerbe- und Betriebszählung vom 12. Juni 1907.
[4] Vgl. Anm. 3.

Hausgewerbetreibenden aufgeführten Personen sind sowohl die von einem Betrieb unmittelbar beschäftigten Hausgewerbetreibenden, als auch deren Gehilfen und Mitarbeiter enthalten."

Es ist also wahrscheinlich, daß in der amtlichen Reichsstatistik nicht nur Heimarbeiter, Hausindustrielle und deren Gehilfen durcheinander aufgeführt sind, sondern auch in Lohnwerk[1] arbeitende Personen, vielleicht sogar Handwerker. Angenommen z. B. ein Tischler, der im übrigen selbständig für eigene Rechnung tätig ist, hat sich in einem Falle zur Herstellung gewisser Leistungen in seinem Heim für Rechnung eines Bauunternehmers verpflichtet, so wird man in diesem selbständigen Tischlermeister eben einen selbständigen Tischlermeister, aber keinen Hausgewerbetreibenden erblicken. Die Statistik hingegen tut das. Für Fragen der Heimarbeit usw. schrumpft daher ihr Wert auf ein Mindestmaß. Das ist der Grund, weshalb sie in dieser Arbeit hinsichtlich der Heimarbeiterinnen nicht in dem Maße verwandt ist, wie man erwarten sollte. Ich habe nur solche Zahlen angegeben, die durchaus überzeugend waren und die ich zudem selbst nachprüfen konnte, ferner solche, die ich selbst gefunden habe.

III.

Die Ausübung der Heimarbeit in der Dresdner Zigarettenindustrie.

Bevor wir die Entwicklung der Heimarbeit in der Dresdner Zigarettenindustrie kennen lernen, sei die Tätigkeit der Heimarbeiterinnen geschildert. Man unterscheidet zwei Gruppen: Hülsen- und Zigarrettenarbeiterinnen.

1. Die Hülsenarbeiterinnen zerfallen wiederum in zwei Gruppen:
    a) Solche, die de facto Fabrikarbeiterinnen sind, aber werktäglich jeden Abend soviel Hülsen aus der Fabrik zum Kleben in ihrer eigenen Wohnung mitnehmen, wie sie voraussichtlich am folgenden Tage zur Herstellung von Zigaretten in der Fabrik nötig haben. Den Klebstoff liefern sie selbst. Die Zahl solcher Arbeiterinnen ist mehr und mehr zurückgegangen, je mehr Maschinen angeschafft wurden.
    b) Die Hülsen-(heim-)arbeiterinnen erhalten in der Fabrik an einem besonderen Schalter für Heimarbeiterinnen von einer Direktrice das Hülsenpapier geliefert, das schon

---

[1] Lohnwerk nennt man diejenige gewerbliche Arbeit, bei der der Rohstoff dem Kunden gehört, das Werkzeug dem Arbeiter. (Ähnlich Büchers Definition.)

mit dem Namen der Firma und dem Titel der betreffenden Marke bedruckt ist. Zugleich nehmen sie einen sogenannten Begleitzettel mit, auf dem die Anzahl der herzustellenden Hülsen verzeichnet steht.

Das Hülsenpapier erhält die Arbeiterin in Form von Blättchen zerschnitten (vgl. Fig. 1)[1]. Klebstoff wird von den Arbeiterinnen selbst geliefert. Die Arbeiterin bestreicht die beiden äußeren Ränder des Blättchens (a und b der Fig. 1) mit Klebstoff. Alsdann klebt sie die Ränder so zusammen, daß das Papier eine Rolle bildet (vgl. Fig. 2). Neuerdings besorgen die Heimarbeiterinnen auch das sog. „Quetschen" der Hülsen: Sie streichen über die Hülse mit einem flachen Holzstäbchen, dadurch erhält sie die Form, die Fig. 3 zeigt. Das „Quetschen" macht die Hülse für den Tabak aufnahmefähig. Die fertigen Hülsen werden übereinander geschichtet und mit einem breiten Papierstreifen zusammengehalten.

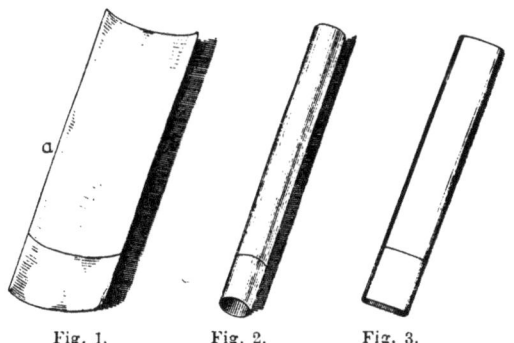

Fig. 1. Fig. 2. Fig. 3.

Sie sind dann an dem Schalter für Heimarbeiterinnen der Direktrice zurückzugeben. Etwa beschmutzte oder schlecht geklebte Hülsen werden der Arbeiterin nicht vergütet. Die Hülsen werden in der Fabrik von anderen Arbeiterinnen zum Zigarettenmachen verwandt. Ehe sie in deren Hand übergehen, werden sie gewogen, um etwaigen Unredlichkeiten der Heimarbeiterinnen zu begegnen.

2. Die Zigarettenmacherinnen bilden den weitaus größten Teil der Dresdner Heimarbeiterinnen. Diese Arbeiterinnen holen ebenfalls an dem erwähnten Schalter in einem Karton, den die Fabrik ihnen liefert, die leeren Hülsen und ferner in einem Blecheimer — oder einer Blechkiste oder einem mit Blech ausgeschlagenen Kasten — Tabak für nicht ganz so viel Zigaretten, wie sie Hülsen mitbekommen, weil stets eine Anzahl der Hülsen unbrauchbar wird. In maximo gibt man den Frauen 6000 Hülsen mit.

---

[1] Die schraffierte Stelle bezeichnet das Gold- oder Korkmundstück.

Die Herstellung der Zigaretten erfolgt heutzutage nur noch vereinzelt mittels „Stopfers"[1], einer kleinen Messingröhre, auf die die leere Hülse gezogen wird. Die „Stopfer" werden dann mit einer solchen Tabakmenge gefüllt, wie zur Herstellung einer Zigarette nötig ist; der Tabak wird darauf mit einem Stäbchen in die Hülse getrieben, und die Zigarette ist fertig.

Das gebräuchlichste Hilfsmittel ist jetzt der „Gürtel". Das ist ein Pergamentstreifen, der mit der Breitseite auf den Arbeittisch genagelt oder geklebt ist. Die Arbeiterin legt in diesen Streifen die zur Anfertigung einer Zigarette nötige Tabakmenge, rollt ihn in Form einer Zigarettenhülse, schiebt die leere Papierhülse in die Rolle und treibt mit einem Stäbchen den Tabak in die Hülse. Schließlich wird an beiden Enden der überstehende Tabak mit einer Schere abgeschnitten.

Nur wenige Arbeiterinnen fertigen die Zigaretten ohne ein mechanisches Hilfsmittel an. Bei dieser Arbeitweise legen sie die zur Herstellung einer Zigarette nötige Tabakmenge in die nichtgeschlossene Hülse (wie Fig. 1), bestreichen die Längsränder mit Klebstoff, rollen und schließen die Zigarette und schneiden den überstehenden Tabak an beiden Enden mit einer Schere ab. Von 50 Heimarbeiterinnen, unter denen die Umfrage[2] veranstaltet wurde, arbeiten mit „Stopfer" = 6, mit „Gürtel" = 39, ohne mechanische Hilfsmittel = 5.

Die fertigen Zigaretten werden in Kartons verpackt und zur Fabrik zurückgetragen, wo sie von der Direktrice in Empfang genommen und gewogen werden, um Unredlichkeiten einer Heimarbeiterin festzustellen.

Zweimal in der Woche ist Liefertag. Die Löhne werden sofort bei Ablieferung der fertigen Zigaretten gezahlt.

Die Kartons werden mit einem „Begleitzettel" beklebt und in das Fach für gelieferte Zigaretten gestellt.

Muster eines Begleitzettels.

Verpackt zu	Nr. der Arbeiterin.	Datum der Ablieferung.
	Anzahl und Name der Zigaretten.	
Stück	Fehlen . . . . . } Schlechte . . . } Stück	Nachgelieferte Stück am . .

Trotz der Kontrolleinrichtung, auf die wir später zu sprechen kommen[3], und trotz der erwähnten Vorsichtmaßregeln kommen zuweilen Materialunterschlagungen vor. Da

---

[1] Statt „Stopfer" sagt man auch „Maschine".
[2] Vgl. das Muster eines Fragebogens am Ende dieser Arbeit!
[3] Vgl. S. 17.

die Heimarbeiterinnen zu 1000 Zigaretten 1100—1200 Hülsen brauchen, weil eine Anzahl Hülsen bzw. Blättchen durch Einreißen, Beschmutzen oder dergl. unbrauchbar wird, so läßt sich garnicht feststellen, ob nicht etwa eine unehrliche Heimarbeiterin sich Hülsen zurückbehält, an Stelle des gelieferten guten Tabaks minderwertigen verwendet und Hülsen sowie guten Tabak zur Herstellung von Zigaretten verwendet, die sie dann an einen Hehler fortgibt; der nimmt ihr das überdies unversteuerte Produkt mit Freuden ab.

IV.

Entstehung, Entwicklung und gegenwärtige Lage der Heimarbeit.

Schon aus dem letzten Grunde werden wertvolle Tabake nicht aus der Fabrik herausgegeben. Die Heimarbeiterinnen werden also mit der Herstellung der geringeren Sorten beschäftigt. Diese billigen Fabrikate werden vielfach auch durch Maschinenarbeit hergestellt; da sie aber mancherlei Nachteile aufweist und die Konsumenten sich infolgedessen bisher noch nicht recht daran gewöhnen konnten, da andererseits die Herstellung von Handarbeitzigaretten geringer Qualität in der Fabrik dem Unternehmer zu große Spesen verursachte, so ließen und lassen viele Fabrikanten Handarbeitzigaretten geringer Sorte von Heimarbeiterinnen herstellen; sie werden wesentlich billiger bezahlt als ihre Kolleginnen in der Fabrik. Es ist unzutreffend, wenn die Unternehmer sagen: „Die Heimarbeit wird geringer bezahlt, weil die Heimarbeiterinnen geringere Sorten herstellen als die Fabrikarbeiterinnen." Denn in der Fabrik werden auch die geringen Sorten besser bezahlt als in der Heimarbeit. Die wahren Gründe sind vielmehr:

1. Die Heimarbeiterinnen sind infolge ihres Mangels an Organisation nicht imstande, gleich den Fabrikarbeiterinnen gewisse Lohnforderungen zu stellen. Sie müssen zufrieden sein mit dem, was man ihnen gibt. Da die eine Heimarbeiterin meistens den Lohn der anderen nicht kennt, — es sei denn durch Zufall —, und das Angebot von Frauen für die Heimarbeit bei weitem die Nachfrage des Fabrikanten übersteigt, so ist es ganz in seine Macht gegeben, wieviel er zu zahlen hat, und die Lohndrückerei ist deshalb sehr ausgebildet.

2. Die Heimarbeiterinnen sind aus Gründen, die sogleich erörtert werden sollen, nur zu äußerst extensiver — im wahren Sinne des Wortes extensiver — Arbeit fähig. Sie leisten also dem Fabrikanten **quantitativ** weniger als die Fabrikarbeiterinnen. Nicht in der geringeren **Qualität** also, sondern

in der kleineren **Quantität** ihrer Leistungen liegt ein wesentlicher Grund für ihre unzulängliche Entlohnung.

Um nun den Mangel an Arbeitintensität zu erklären, müssen wir wissen, wie es denn eigentlich zur Entstehung von Heimarbeit in der Dresdener Zigarettenindustrie kam.

Wie wir sahen, beschäftigte die Compagnie Laferme bei ihrer Gründung im Jahre 1862 nur 7 Fabrikarbeiter (2 Russinnen, 4 deutsche Mädchen und 1 russischen Tabakschneider). Von Anfang an waren also mit dem Zigarettenmachen Frauen beschäftigt. Es ist bis heute so geblieben. Nur in Berlin werden auch männliche Arbeiter in größerer Anzahl mit der Herstellung von Zigaretten beschäftigt. Diese Überzahl der Frauen erklärt sich aus ihrer größeren Handgeschicklichkeit, die sie zu einer so zarten Arbeit, wie es das Zigarettenmachen ist, geradezu prädestiniert, und daraus, daß diese Arbeit keine Ansprüche an die körperlichen Kräfte stellt, hingegen große Anforderungen an die Geduld: alles Voraussetzungen, die Frauen besser erfüllen als Männer. Mit Recht macht Bormann[1] auch auf die größere Ortsseßhaftigkeit der Frau aufmerksam; gerade diese Tatsache ist für den Fabrikanten wichtig, weil es ihm dadurch möglich wird, einen Stamm wirklich geübter Zigarettenarbeiterinnen zu züchten.

Wenn sich nun diese Frauen verheiraten, sehen sie sich meist schon nach der ersten Niederkunft gezwungen, ihre Tätigkeit in der Fabrik aufzugeben, um sich Mann und Kind zu widmen. Sie sind aber froh, wenn sie auch ihrerseits etwas zum Lebensunterhalt der Familie beitragen können und melden sich dann für ihre ehemalige Fabrik als Heimarbeiterinnen, da sie wegen ihrer häuslichen Pflichten nicht lange von Hause getrennt sein können. Nehmen sie Heimarbeit, so brauchen sie nur an zwei Vormittagen der Woche zur Lieferungzeit sich von Hause zu entfernen. Der Fabrikant stellt diese Frauen gern als Heimarbeiterinnen ein, weil er weiß, daß sie in der Technik des Zigarettendrehens Erfahrung haben.

Nach diesen Ausführungen wird man verstehen, warum Fabrikarbeiterinnen sich plötzlich zur Heimarbeit entschließen und warum sie — wenn die Kinder erwachsen sind oder frühzeitig sterben — häufig wieder in die Fabrik zurückkehren, so daß in den Betrieben ein beständiges Hin- und Herfluten zwischen Fabrik- und Heimarbeit stattfindet.

Oft kommen die Frauen auch auf andere Weise zur Heimarbeit. So wurde mir wiederholt gesagt, daß sie von anderen Heimarbeiterinnen im selben Hause oder von Fabrikmädchen, die bei ihnen in Aftermiete wohnten, zur Heimarbeit angeregt wären.

---

[1] Bormann, Die deutsche Zigarettenindustrie S. 73.

So entstand die Heimarbeit in der Dresdner Zigarettenindustrie. Über die ältere Zeit läßt sich nichts sagen. Weder die Statistik noch die Akten des Verbandes der Deutschen Zigarettenindustrie, den ich darum befragte, können Auskunft geben. Die Compagnie Laferme führte nur vorübergehend in den neunziger Jahren Heimarbeit ein. Sie kannte von Rußland her diese Arbeitform nicht, weil dort durch Gesetz vom Jahre 1839 die Heimarbeit in der Zigarettenindustrie verboten ist[1], da sich das Zigarettenmachen nur in der Fabrik kontrollieren lasse[2]. Auch wann zuerst die Heimarbeit in Dresden auftrat, ist unbestimmbar. Jedenfalls setzt sie, wie erwähnt, einen Stamm von erprobten Zigarettenarbeiterinnen voraus. Es ist sicher, daß sie infolge des Tabaksteuergesetzes vom 16. Juli 1879 stark zunahm. Dieses Gesetz hatte weniger auf die damals noch unbedeutende Zigarettenindustrie als vor allem auf die Zigarrenindustrie Einfluß[3]. Immerhin trat aber auch bei den Zigarettenfabrikanten das Bestreben hervor, die billigen Handarbeitzigaretten in Heimarbeit herstellen zu lassen. Als Ende der achtziger Jahre die ersten Zigarettenmaschinen aufgestellt wurden, verschob sich das Bild wieder zuungunsten der Heimarbeit, und inzwischen hatte sich ja auch die Steuerbelastung von 1879 längst ausgeglichen. Leider versagt die Statistik völlig für die ersten Jahre nach 1879, da sie Hausindustrie, Kleinbetrieb und Heimarbeit durcheinander würfelt. Es läßt sich somit auch nicht erkennen, wieviele von den damaligen Alleinbetrieben, wieviel selbständige Hausarbeiter allmählich zur Heimarbeit für fremde Rechnung übergegangen sind. Denn vielfach sind auch Hausindustrielle für eigene Rechnung zur Heimarbeit für fremde Rechnung übergegangen, was sich noch heute im Gedächtnis älterer Tabakfabrikanten und Tabakarbeiter erhalten hat und was auch sonst bekannt ist. Diese Hausindustriellen vermochten sich neben den Großbetrieben nicht mehr zu halten, nachdem sie von der Steuer getroffen

---

[1] Dieses Verbot gilt für die gesamte russische Tabakindustrie, nur mit der Ausnahme, daß die Pflanzer für eigenen Gebrauch selbstgezogenen Tabak mit gewöhnlichem Messer zerkleinern dürfen.

[2] Nach persönlicher Mitteilung der Gesellschaft Laferme in St. Petersburg.

[3] Nach der Reichsstatistik (Bd. 42 d. ersten Reihe, Jahrgang 1880) betrug die Zigarren- und Zigarettenproduktion:

	1875 Tausend	1876 Tausend	1877 Tausend
I. Zigarren { 30 Mk. und darunter	2 292 032	2 221 637	2 180 640
30 Mk. und darüber	2 789 837	3 025 573	3 032 225
II. Zigaretten	152 444	173 726	187 616

„Im Durchschnitte der drei Jahre kommen demnach von den produzierten Verkaufswerten 76,6 % auf Zigarren und nur 23,4 % auf andere Tabakfabrikate."

wurden[1]. Doch dürfte dies auf die Zigarettenindustrie, besonders in Dresden, nur in den seltensten Fällen zutreffen, da es sich bei dem erwähnten Umwandlungprozeß ausschließlich um männliche Personen handelte, während, wie gesagt, in der Dresdner Zigarettenindustrie fast nur Frauen beschäftigt werden. Bloß eine Dresdner Zigarettenfabrik beschäftigt eine Anzahl männliche Arbeiter, und zwar Russen, unter ihnen auch einige Heimarbeiter.

Für die Tabakindustrie meldet:

Die Statistik von 1882 ... 15 068 Heimarbeiter
„ „ „ 1895 ... 23 958 Heimarbeiter,
„ „ „ 1907 .. { 19 435 Heimarbeiter, nach Arbeiterangaben.
44 035 Heimarbeiter, nach Unternehmerangaben.

Daß in den 44 035 Tabakheimarbeitern auch eine große Anzahl von Zigarettenarbeiterinnen mitgezählt ist, geht aus der hohen Ziffer von 33 018 weiblichen Heimarbeiterinnen in der Tabakindustrie hervor, die wohl überwiegend den Zigarettenfabriken zuzuzählen sind. Zuverlässiger als die Statistik sind die Angaben, die man immer und immer wieder von Fabrikanten und Gewerkschaftlern, vor allem aber von den Heimarbeiterinnen selbst erhält: Früher hätte es weniger Gelegenheit zur Heimarbeit gegeben, aber jetzt wäre das anders, und die Frauen wären ganz froh, über die Möglichkeit, sich im Hause ein paar Groschen zu verdienen. Trotzdem kann von wirklicher Zufriedenheit nicht die Rede sein[2].

Eine starke Zunahme erfuhr in Dresden die Heimarbeit infolge der Tabaksteuergesetze von 1906 und 1909.

Freilich wuchs mit dieser Zunahme der Heimarbeit auch die Zahl der Konsumenten, die einen Widerwillen gegen die in Heimarbeit hergestellten Zigaretten empfanden. Das Publikum machte gegen solche Produkte vor allem hygienische Bedenken geltend[3]. Es wurde besonders getadelt, daß den Heimarbeiterinnen jegliche Kontrolle fehlte, man müßte also Produkte kaufen, die möglicherweise von kranken Menschen mit unsauberen Händen und in schmutzigen Räumen hergestellt wären. Zu dieser Abneigung des Publikums trugen auch viel bei die zum Teil übertriebenen Schilderungen von Elend und Unsauberkeit in der Heimarbeit.

Da entschlossen sich im Jahre 1908 einige weitsichtige Dresdner Zigarettenfabrikanten, freiwillig den Beschwerden und Bedenken der Konsumenten den Boden zu entziehen.

---

[1] Lißner, „Die Deutsche Tabaksteuerfrage", nennt in seinem sonst vortrefflichen Buche diese Tatsachen „Märchen", „fables convenues". Er vertraut leider gänzlich der unbrauchbaren Statistik!
[2] Vgl. S. 29.
[3] Die sozialpolitischen Bedenken der Gewerkschaften haben wohl auf die große Masse der Käufer keinen Einfluß gehabt.

Nach dem Vorbilde der Braunschweiger Konservenindustrie wollten sie eine Kontrolleinrichtung schaffen. Man hoffte dadurch, das Publikum zu beruhigen und zu befriedigen und zugleich gesetzgeberische Maßnahmen unnötig zu machen. Mit diesem Plane stieß man aber anfangs auf heftigen Widerstand innerhalb der Fabrikantenschaft, über den mir leider kein unanfechtbares Material vorliegt. Ob schließlich die Einsicht siegte, oder was sonst für die Kontrolleinrichtung bei der großen Mehrheit der Dresdner Zigarettenfabrikanten den Ausschlag gab, wird wohl kaum jemals offenbar werden.

Ehe von der Dresdner Kontrolleinrichtung die Rede ist, sei mit einigen Worten ihres Vorbildes in der Braunschweiger Konservenindustrie gedacht, weil es lehrreich zu sehen ist, wie in der Tat die Braunschweiger Einrichtung vorbildlich gewirkt hat.

Vorausgeschickt werde zum Verständnis, daß kaum ein Industriezweig unter so großen Schwankungen im Ernteertrag zu leiden hat wie die Konservenindustrie, soweit sie Gemüse und Früchte verarbeitet. Daher nimmt sie in den Zeiten der sogenannten „Campagne", d. h. „an den hohen und höchsten Erntetagen", gern zur Heimarbeit ihre Zuflucht, um das Rohmaterial von Früchten oder Gemüsen binnen kurzem verarbeiten zu können. Die Heimarbeiterinnen suchen aus denselben Gründen Heimarbeit in der Konservenindustrie wie in der Zigarettenfabrikation und in anderen Fabrikationszweigen: Sie können verdienen, ohne von ihren Kindern fortbleiben zu müssen, es sei denn beim Holen des Materials und beim Zurückbringen[1]. Förderlich ist der Heimarbeit in der Konservenindustrie die Tatsache, daß Bohnenabfäden, Erbsenenthülsen, Spargelschälen usw. eine leichte Beschäftigung ist, die nach Ansicht der Fabrikanten sogar von Kindern ausgeführt werden kann und — soweit es die gesetzlichen Vorschriften zulassen — anscheinend auch ausgeführt wird. Auch männliche Personen die gerade stellunglos sind, lassen sich gern als Heimarbeiter für die Konservenindustrie beschäftigen, besonders mit Bohnenabfäden[2][3]. Gegner der Heimarbeit sind einmal

---

[1] Vgl. S. 14.

[2] Nach Angabe der Braunschweiger Konservenindustriellen.

[3] Nach der Betriebs- und Gewerbezählung vom 12. Juni 1907 kommen auf die Braunschweiger Konservenindustrie „Hausgewerbetreibende" (Heimarbeiter):

Nach den Angaben der Hausgewerbetreibenden:
Betriebe
überhaupt 15
Alleinbetriebe 14
männlich 3
weiblich 14

Nach den Angaben der Unternehmer:
Betriebe,
welche Personen als Heimarbeiter beschäftigen 23
Hausgewerbetreibende Personen:
männlich . . . . —
weiblich 643

einige Konservenfabriken auf dem Lande, „denen", nach Angabe der städtischen Fabrikanten, „diese Hilfe an höchsten und hohen Erntetagen nicht möglich ist", sodann das Publikum, das hygienische Bedenken geltend machte. Es kam hinzu, daß von der auswärtigen Konkurrenz[1] zuweilen die Braunschweiger Fabrikate unter Hinweis auf das Gesundheitwidrige der Heimarbeit „in den Augen der Konsumenten herabgesetzt" wurden[2].

Schnell einigten sich die bedeutendsten Firmen der Braunschweiger Konservenindustrie am 1. Mai 1906 in „Vereinbarungen... über die Uberwachung der Heimarbeit". Diese Übereinkunft verpflichtet in ihren wichtigsten Bestimmungen die Fabrikanten, „nur solche Personen in der Heimarbeit zu beschäftigen, die sich den ‚Bestimmungen, nach denen sich jede in der Heimarbeit beschäftigte Person unbedingt zu richten hat', unterwerfen" (§ 1). Ferner soll „zu Beginn jeder Campagne jede Firma Namen und Wohnung sämtlicher von ihr in der Heimarbeit beschäftigten Personen der Überwachungskommission angeben, auch Entlassungen, Neueinstellungen

---

Ob diese Angaben zutreffen, ist schwer zu sagen. Man muß bedenken, daß der Zähltag — 12. Juni 1907 — gerade auf den Höhepunkt der Spargel„campagne" fiel und daß man also zu einer anderen Jahreszeit gänzlich andere Zahlenergebnisse gefunden hätte. Außerdem geben aber obige Zahlen auch nur aus dem Grunde nur ein halbwegs richtiges Bild, weil die Verteilung der Arbeitskräfte auf Fabrik und Heimarbeit in der Konservenindustrie mehr noch als in anderen Fabrikationszweigen fortwährend wechselt. Es kommt sogar viel vor, daß die rein hausgewerblichen Betriebe außerhalb der Campagne ruhen.

[1] Nach persönlicher Mitteilung der Handelskammer für das Herzogtum Braunschweig.

[2] Es sei objektiv festgestellt, daß die Bemängelungen des Publikums in der Braunschweiger Konservenindustrie weniger gerechtfertigt waren als in anderen Industriezweigen, die Nahrungs- oder Genußmittel herstellen, und zwar, weil mit dem Rohgemüse bzw. Rohobst, ehe es zur Konservierung gelangt, verschiedene Waschungen, Kochungen, Wellungen vorgenommen werden, die alle gesundheitschädlichen Keime vernichten. Auf diese Vorgänge folgt dann sogar noch ein Nachkochen in hermetisch verschlossenen Dosen. Falls aber trotzdem einmal auch nur der geringste schmutzige Bestandteil in einem so sterilisierten Doseninhalt zurückgeblieben wäre, so müßte dieser Inhalt sehr schnell verderben und die rasch sich bildenden Gase müßten den Deckel der Dose sprengen. Es scheint indessen, daß die Konsumenten ohne Rücksicht auf solche Gedankengänge zu ihren Klagen getrieben wurden, weil der an sich vorhandenen alten Abneigung gegen alle in Heimarbeit hergestellten Nahrungs- oder Genußmittel in diesem besonderen Falle die Angriffe der auswärtigen Konkurrenz gewissermaßen noch zu Hilfe kamen. Wenn allerdings die Braunschweiger Konservenindustrie (in einem persönlichen Bericht) behauptet, alle genannten günstigen Faktoren machten eine Kontrolle tatsächlich überflüssig, so geht sie zu weit. Denn wenn auch eine wirklich unsaubere Herstellungsweise sich unfehlbar durch Verderben der Konserven rächen müßte, so mag doch bei den Heimarbeitern der Herstellungsort der Konserven oft genug nicht den hygienischen Anforderungen der Neuzeit entsprochen haben, und in dieser Hinsicht dürften die Klagen des Publikums einigermaßen berechtigt gewesen sein.

und Wohnungsveränderungen dem zuständigen Überwachungsbeamten schriftlich anzeigen" (§ 2). Die Firmen haben sich auch verpflichtet, „solche Personen", bei denen die Ermahnung durch die Überwachungsbeamten wirkungslos gewesen ist, „während des laufenden Jahres nicht mehr zu beschäftigen" (§ 8). Für jeden Fall der „Zuwiderhandlung gegen die Vorschriften der §§ 1, 2 und 8" sollen „20 Mark zu Händen des Geschäftsführers der Überwachungskommission" gezahlt werden (§ 9). Schließlich haben sich die Firmen noch verpflichtet, „die Überwachung der Heimarbeiter dadurch zu unterstützen, daß sie ihre Wahrnehmungen über etwaige Verstöße einzelner Arbeiter oder Arbeiterinnen mitteilen", und sie haben versprochen, „auch ihrerseits auf die Einhaltung der Vorschriften nach Möglichkeit hinzuwirken" (§ 10)[1].

Die Vereinbarungen der Dresdener Zigarettenfabrikanten sind mir nicht zugänglich gewesen, dürften aber in ihren Grundzügen ähnlich sein.

Um die Einflüsse der Braunschweiger Einrichtung auf die Dresdener erkennen zu lassen, werden hier nebeneinander die beiderseitigen Anweisungen für die Kontrollbeamten und die Vorschriften für die Heimarbeiter mitgeteilt.

Braunschweig.	**Dresden.**
Dienstanweisung für die Überwachungsbeamten.	**Vertrag zwischen dem Arbeitgeberverband der Zigarettenindustrie für Dresden und Umgegend und der Überwachungsbeamtin.**
§ 1. Die Anstellung von Überwachungsbeamten für die Heimarbeit der Braunschweiger Konservenfabriken erfolgt auf jederzeitigen Widerruf für die Dauer einer Kampagne durch Aushändigung einer Bestallungsurkunde.	§ 1. Die Überwachungsbeamtin wird von dem Verbande zur Überwachung der in den Betrieben des Verbandes beschäftigten Heimarbeiterinnen angestellt und bezieht für diese Tätigkeit ein Gehalt von .... Mk. jährlich, das ihr in monatlichen Nachzahlungen ausgehändigt wird. Der Überwachungsbeamtin werden die ihr bei Ausübung ihrer Überwachungstätigkeit entstehenden Kosten für Straßenbahn- und Eisenbahnfahrt vergütet. Die Anstellung erfolgt auf unbestimmte Zeit. Jedem der beiden Vertragschließenden steht aber zu, den Vertrag am Schlusse eines jeden Monats mit monatlicher Frist zu kündigen.
§ 2. Bei der Ausübung seines Amtes hat der Überwachungsbeamte auf Erfordern seine Bestallungsurkunde vorzuweisen.	§ 2. Die Überwachungsbeamtin hat sich ausschließlich der Überwachung der ihr vom Verbande nach Namen und Wohnung be-

---

[1] Übrigens soll das Reichsamt des Innern die Braunschweiger Einrichtung als mustergültig und vorbildlich bezeichnet haben.

§. 3. Der Überwachungsbeamte erhält einen Tagesstempel, mit dem er seine Besuche in den Arbeitsbüchern der in der Heimarbeit beschäftigten Personen zu bestätigen hat. Der Stempel ist hinter die angeführten Arbeitsmengen zu setzen.

§ 4. Die Bestallungsurkunde, der Tagesstempel und die Tagebücher sind der Handelskammer nach jeder Kampagne, spätestens aber bis zum 1. Dezember, zurückzugeben.

§ 5. Die Überwachungskommission (§ 3 des Organisationsstatuts) gewährt den einzelnen Überwachungsbeamten ein Monatsgehalt

zeichneten Heimarbeiterinnen zu widmen. Sie ist verpflichtet, hierbei darauf zu achten, daß die dem Vertrage beigehefteten, vom Verbande aufgestellten „Bestimmungen für die in der Heimarbeit beschäftigten Personen" in allen einzelnen Punkten von den Heimarbeiterinnen innegehalten werden.

§ 3. Die Überwachungsbeamtin muß bei dem Besuche der Heimarbeiterinnen stets der Pflichten ihres Amtes eingedenk sein und darf in ihrer Eigenschaft als Vertrauensperson des Arbeitgebers namentlich die sich hieraus ergebende höfliche, aber bestimmte Form des Auftretens der Heimarbeiterin gegenüber nie außer acht lassen.

§ 4. Die Überbewachungsbeamtin hat die von ihr bemerkten Verstöße gegen die für die Heimarbeiterinnen aufgestellten Bestimmungen sofort an Ort und Stelle in ihr Buch zu notieren und die Heimarbeiterin auf jeden Verstoß in durchaus ruhiger Weise aufmerksam zu machen. Sie kann zwar eine einfache Erklärung oder Entschuldigung der Heimarbeiterin entgegennehmen; es ist ihr aber untersagt, sich etwa auf Rede und Gegenrede mit der Heimarbeiterin einzulassen. Auf alle Fälle muß der Besuch unter Vermeidung jedweder überflüssigen Rederei auf die kürzeste Zeit beschränkt bleiben, die zur Übersicht über die prüfenden Gegenstände genügt. Wenn bis zur Gewöhnung an die Besuche diese etwa von manchen Heimarbeiterinnen als lästig empfunden werden, so muß von dem Taktgefühl der Überwachungsbeamtin eine tunlichste Rücksichtnahme hierauf, soweit sie sich mit der Erfüllung ihrer Pflicht verträgt, erwartet werden. Vor allem muß die Überwachungsbeamtin es vermeiden, ihr Augenmerk etwa auf andere, als die von ihr zu kontrollierenden Umstände in der Häuslichkeit der Heimarbeiterin zu richten.

§ 5. Die Zeit des von der Überwachungsbeamtin ausgeführten Besuchs hat sie in das in den Händen der Heimarbeiterin befindliche

von .... Mk. (im ersten Jahre der Tätigkeit von .... Mk.)[1].

Die Auszahlung des Gehalts geschieht durch den Geschäftsführer der Überwachungskommission am Schlusse jedes Monats. Für Monate, in denen der Überwachungsbeamte nicht vollbeschäftigt war, erfolgt die Bezahlung nach der Anzahl der Tage, an denen er beschäftigt war.

§ 6. Der Überwachungsbeamte hat sich bei Meinungsverschiedenheiten mit der Überwachungskommission[3] oder dem Geschäftsführer[4] über seine Tätigkeit und die sich aus ihr ergebenden Ansprüche der Entscheidung der Handelskammer zu unterwerfen.

§ 7. Zu Beginn der Kampagne hat der Beamte sich von jeder Fabrik, die in den Bereich seiner Überwachung fällt, ein Verzeichnis der in der Heimarbeit tätigen Personen geben zu lassen. Etwaige Veränderungen sind laufend nachzutragen.

Überwachungsbuch[2] jedesmal ordnungsgemäß einzutragen.

§ 6. Die von der Überwachungsbeamtin vorgefundenen Verstöße hat sie auf Grund ihrer sofort aufgenommenen Notizen nach Maßgabe der ihr übergebenen Formulare alltäglich und zwar jedesmal vormittags 9 Uhr des auf die Kontrolle folgenden Tages in der Geschäftsstelle des Verbandes zu berichten. Es steht ihr nicht zu, Verstöße, die sie vorfindet, etwa deshalb zu verschweigen, weil sie sie für unerheblich oder für unvermeidlich oder für erklärlich oder für entschuldbar hält. Hierüber urteilt lediglich der Verband.

§ 7. Die Überwachungsbeamtin hat die Zeit von 9—12 Uhr vormittags und von $^1/_22$—$^1/_28$ Uhr nachmittags ausschließlich den Besuchen der Heimarbeiterinnen zu verwenden. Sie hat sich hierbei nach den über die Heimarbeiterinnen mit Hinsicht auf deren Wohnungsbezirk aufzustellenden Besuchslisten und nach den ihr etwa noch zu gebenden besonderen Vorschriften zu richten.

---

[1] 10 Mark weniger als in den späteren Jahren.
[2] Vgl. S. 27.
[3] „Zur Durchführung der Überwachungstätigkeit wird eine besondere aus 7 Mitgliedern bestehende Überwachungskommission gebildet. Sechs von diesen Mitgliedern werden von den Braunschweiger Konservenindustriellen, soweit sie Personen in der Heimarbeit beschäftigen, aus ihrer Mitte in einer Versammlung gewählt, die von dem hiermit beauftragten Vertreter der Handelskammer im Februar jeden Jahres einzuberufen ist. In dieser Versammlung hat jede Firma eine Stimme. Das siebente Mitglied, das den Vorsitz führt, wird von der Handelskammer aus dem Kreise ihrer Mitglieder ernannt" (§ 3 des Organisationsstatuts).
[4] „Die Kommission wählt aus ihrer Mitte eines ihrer Mitglieder zum Geschäftsführer im Ehrenamt, der der Handelskammer zu benennen ist und dem die Aufgabe zufällt, den Vorsitzenden im Verkehr mit den Überwachungsbeamten zu entlasten. Bare Auslagen des Geschäftsführers gehören zu den Kosten der Überwachung und werden ihm ersetzt. Im übrigen regelt die Kommission ihre Tätigkeit ... selbständig (§ 4 des Organisationsstatuts).

§ 8. Die Überwachung hat möglichst täglich und unerwartet (auch Sonntags) bei jeder in der Heimarbeit beschäftigten Person zu erfolgen. Bei der Überwachung hat der Beamte gewissenhaft darauf zu achten, daß die „Bestimmungen, nach denen sich jede in der Heimarbeit beschäftigte Person unbedingt zu richten hat", genau befolgt werden.

§ 9. Der Überwachungsbeamte ist verpflichtet, ein Tagebuch zu führen, in das er alle von ihm beobachteten Verstöße gegen die „Bestimmungen" einzutragen hat.

Am 1. und 15. eines jeden Monats, mittags 12 Uhr hat sich der Überwachungsbeamte in den Kontorräumen des Geschäftsführers einzufinden und über seine Tätigkeit persönlich Bericht zu erstatten.

§ 10. Der Überwachungsbeamte hat die Pflicht, Zuwiderhandelnde zunächst freundlich, aber bestimmt auf die Bedeutung der „Bestimmungen" hinzuweisen. Erweisen sich die Ermahnungen als fruchtlos, so ist dem Geschäftsführer der Überwachungskommission schriftlich Anzeige zu machen.

§ 8. Pflichtverletzungen, insbesondere unterlassene Meldungen von Verstößen oder wissentlich unrichtige Angaben in den Berichten, gelten als Grund zur sofortigen Lösung des Vertrages.

Dresden, den 1. Dez. 1903.

Bestimmungen, nach denen sich jede in der Heimarbeit beschäftigte Person unbedingt zu richten hat.

1. Die Gemüse, Pilze, Früchte usw. müssen in einem dazu geeigneten, durchaus reinlichen, nicht zu warmen, gut gelüfteten Raume aufbewahrt werden; in Kranken- und Schlafzimmern dürfen Produkte unter keinen Umständen gelagert oder verarbeitet werden. (Zur Aufbewahrung eignen sich am besten trockene, luftige Keller und unbenutzte Waschküchen).

2. Das Ausschütten der Produkte auf den Fußboden ist streng untersagt. Die Arbeit hat in sauberer Kleidung und mit sauberen Händen zu geschehen. Haustiere (Hunde, Katzen u. dgl.) dürfen nicht in den Arbeits- und Aufbewahrungsräumen geduldet werden.

3. Kranke Personen und kleine Kinder dürfen unter keinen Umständen mit den zu verarbeitenden Produkten in Berührung kommen.

Bestimmungen für die in der Heimarbeit beschäftigten Personen.

1. Das gesamte Material, wie Tabak, Hülsen, Mundstücke usw. darf nur in den von der betr. Firma genehmigten Kartons oder Kisten geholt und abgeliefert werden.

2. Das Material muß in einer Blechkiste oder in einer mit Blech ausgeschlagenen Kiste und in einem reinlichen, gut gelüfteten Raume aufbewahrt werden.

3. Krankenzimmer sind als Aufbewahrungs- und Arbeitsräume durchaus zu vermeiden. Ebenso dürfen sich kranke Personen nicht

Kinder dürfen nur soweit, wie es die gesetzlichen Bestimmungen zulassen, beschäftigt werden.

4. Der Transport der Produkte von und zur Fabrik hat in sauberen, verdeckten Behältern zu geschehen. Geschälter Spargel darf nur in einer mit einem reinen, weißen Leinentuche ausgelegten, sauberen Kiepe transportiert werden.

5. Die in der Heimarbeit beschäftigten Personen dürfen Produkte jeweilig nur aus **einer Fabrik** in ihrer Wohnung verarbeiten; **gleichzeitiges Arbeiten für mehrere Fabriken ist verboten.**

6. Jede in der Heimarbeit beschäftigte Person hat sich der Beaufsichtigung durch die von der hiesigen Handelskammer angestellsen Überwachungsbeamten zu unterwerfen. Die Aufsichtsbeamten sind verpflichtet, bei jedem Besuch eine Bescheinigung in das Abrechnungsbuch einzutragen. Das Buch ist daher von den Arbeitnehmern zu diesem Zweck stets in Bereitschaft zu halten. Die Beaufsichtigung erstreckt sich besonders auf die Reinlichkeit und Zweckdienlichkeit der benützten Räumlichkeiten, Gerätschaften usw.

7. Der Überwachungsbeamte ist verpflichtet, von jeder Übertretung vorstehender Bestimmungen unverzüglich **allen** beteiligten Konservenfabriken Nachricht zukommen zu lassen.

Mit vorstehenden Bestimmungen erkläre ich mich einverstanden.

Braunschweig, den .... 19..

. . . .

(Unterschr. d. Arbeitnehmers.)

in dem Arbeitsraume aufhalten. Sobald ansteckende oder ekelerregende Krankheiten in dem Haushalt der Heimarbeiterin ausbrechen, ist das gesamte Material unverzüglich an die Fabrik zurückzuliefern.

4. Unter keinen Umständen darf das Material auf Tische oder Fußböden ausgeschüttet oder ausgebreitet werden. **Es ist dem Behälter jedesmal nur soviel Tabak zu entnehmen, als zur Anfertigung von höchstens 100 Stück Zigaretten nötig ist.** Die Abschnitte hiervon sind sofort wieder zu verwenden.

5. Es ist verboten, während der Arbeit zu essen oder Eßwaren und andere nicht zur Arbeit gehörige Gegenstände auf den Arbeitstisch zu legen. Sofern von den Fabriken Arbeitstische oder Arbeitsplatten geliefert werden, sind ausschließlich diese für die Arbeit zu benützen.

6. Vor Beginn oder Wiederbeginn der Arbeit sind die Hände zu waschen. Überhaupt hat sich jede Heimarbeiterin größter Reinlichkeit zu befleißigen.

7. Haustiere (Hunde, Katzen usw.) dürfen in den Arbeits- oder Aufbewahrungsräumen nicht geduldet werden.

8. **Jede in der Heimarbeit beschäftigte Person darf nur jeweilig für eine Fabrik arbeiten.**

9. Es ist verboten, das zur Verarbeitung empfangene Material zur Ausbildung von Lehrlingen zu benutzen.

10. Das Arbeiten von zwei oder mehr Personen in einem und demselben Zimmer für zwei oder mehr Fabriken ist unzulässig.

11. Das Anfeuchten des Tabaks, insbesondere auch durch Auflegen feuchter Tücher, sowie das Schmieren der Zigarettenmaschinchen ist streng verboten.

12. Jede in der Heimarbeit beschäftigte Person hat sich der Beaufsichtigung durch die vom Arbeitgeberverband der Zigarettenindustrie für Dresden und Umgegend angestellten, verpflichteten Überwachungsbeamten[1] zu unterwerfen.

13. Die Aufsichtsbeamten sind verpflichtet, bei jedem Besuch eine Bescheinigung in das Überwachungsbuch einzutragen. Das Buch ist von der Heimarbeiterin stets in Bereitschaft zu halten und zwecks Empfangnahme des Lohnes in der Fabrik vorzulegen.

14. Die Beaufsichtigung erstreckt sich auf die Einhaltung der vorstehend gegebenen Vorschriften, insbesondere auf die Reinlichkeit und Zweckdienlichkeit der betreffenden Räume.

15. Jede Heimarbeiterin hat bei Antritt der Beschäftigung die erfolgte Anmeldung zur Invalidenversicherung durch Ablieferung der Quittungskarte nachzuweisen.

Die Quittungskarte verbleibt für die Dauer der Beschäftigung zum Zwecke des Einklebens der Marken in der Fabrik.

Mit vorstehenden Bestimmungen erkläre ich mich einverstanden.

Dresden, den . . . . 19 . .

. . . .
(Unterschrift des Arbeitnehmers.)

Die Braunschweiger Ausarbeitungen liegen im Wortlaut bei der Handelskammer für das Herzogtum Braunschweig, die Dresdner auf dem Büro des Arbeitgeberverbandes der Zigarettenindustrie für Dresden und Umgegend.

Beim Vergleich zwischen den beiden Einrichtungen fällt auf, daß die Braunschweiger halboffiziell durch ihre Verbindung mit der Handelskammer gestellt ist, während die Dresdner sich als ein rein privates Beginnen darstellt, das in keiner Weise mit irgend einer Behörde zu tun hat.

Was diese beiden Industriezweige mit ihrer Kontrolleinrichtung geschaffen haben, ist ein Novum und verdient auch von anderen nachgeahmt zu werden. Tatsächlich hat denn auch die Zuckerwarenindustrie in Dresden nach diesem Vorbild ebenfalls eine Kontrolleinrichtung eingeführt, die gegenwärtig mit derjenigen der Dresdener Zigarettenindustrie durch Personalunion vereinigt ist.

In der Spargelzeit von Mai bis Juni 1909, in etwa sechs Wochen, wurden in der Braunschweiger Konservenindustrie 827 Heimarbeiter beaufsichtigt, die von 21 Fabriken beschäftigt wurden. Zehn Personen wurde in jener Zeit wegen Zuwiderhandlung gegen die „Bestimmungen" die Arbeit genommen.

---

[1] Bis jetzt ist stets nur eine Kontrollbeamtin angestellt gewesen.

Im ganzen wurden 14 699 Kontrollen ausgeübt. In der Bohnenzeit, August bis September 1909, waren 26 Konservenfabriken mit 2951 Heimarbeitern angeschlossen. 26 Personen wurde die Arbeit aus denselben Gründen entzogen. Im ganzen wurden 24 376 Kontrollen ausgeführt.

Man wird nun bemerken, daß in Braunschweig eine größere Anzahl Fabriken der gemeinsamen Kontrolleinrichtung angeschlossen ist als in Dresden. Das erklärt sich daraus, daß viele Zigarettenfabriken überhaupt keine Heimarbeiterinnen beschäftigen.

In Dresden waren von den 46 bestehenden Fabriken der Zigarettenindustrie der Kontrolle angeschlossen: am 1. Dezember 1908: 14 Fabriken mit 689 Heimarbeiterinnen; am 28. Mai 1911: 11 Fabriken mit 579 Heimarbeiterinnen. Wie sehr deren Zahl schwankt, geht daraus hervor, daß z. B. etwa vier Wochen später — am 27. Juni 1911 — dieselben 11 Firmen 662 Heimarbeiterinnen beschäftigten. Dieses Schwanken ist nicht nur die Folge schwankender Wirtschaftslage, sondern, wie erwähnt, in dem beständigen Hin- und Herfluten zwischen Fabrik und Heimarbeit[1] begründet. Außerdem beschäftigen manche Fabriken zeitweilig keine Heimarbeiterinnen.

Von den nicht angeschlossenen Fabriken beschäftigt eine Firma[2] auch männliche Heimarbeiter. Die Zahl der Heimarbeiter aus allen nicht angeschlossenen Fabriken beträgt 100—150. **Im ganzen gibt es in der Dresdner Zigarettenindustrie durchschnittlich 800 Heimarbeiterinnen gegen 5000—6000 Fabrikarbeiterinnen.**

Die 662 Heimarbeiterinnen, die am 27. Juni 1911 durch ihre Arbeitgeber der Kontrolle angeschlossen waren, verteilen sich:

```
        auf Dresden  . . . . . . . .  266
        auswärts . . . . . . . . . .  396
                           Zusammen:  662
```

Die auswärts Wohnenden verteilen sich auf 50 Ortschaften in der Umgebung Dresdens; sie liegen meistens im sogenannten Plauenschen Grunde. Nur die beiden Orte Potschappel und Deuben sind Städte mit etwa 20 000 Einwohnern, alle übrigen Ortschaften Dörfer oder Flecken. Doch ist der Landkreis Dresden stark mit Industrie durchsetzt und trägt deshalb vielfach einen stadtähnlichen Charakter.

Im Monat werden durchschnittlich 700—800 Kontrollen ausgeübt.

---

[1] Vgl. S. 14 u. 15.
[2] Vgl. S. 16.

Die Kontrollbeamtin fand anfangs naturgemäß Mißtrauen, obwohl die Arbeiterinnen von den Arbeitgebern auf den Besuch vorbereitet waren. In ihrem ersten Bericht[1] an den Arbeitgeberverband der Zigarettenindustrie für Dresden und Umgegend sagt sie: „Ich beschränkte fürs erste die Kontrolle auf den Arbeitstisch, um der Arbeiterin die Anschauung beizubringen, daß wirklich nur ganz berechtigte Forderungen gestellt würden. ... Ich besuchte die Arbeiterinnen in der ersten Zeit auch in ziemlich regelmäßigen Zeiträumen, sodaß sie Zeit und Muße hatten, alle Einzelheiten, die von ihnen verlangt werden, genau vorzubereiten, sie fühlten sich nicht von einem unbequemen Aufpasser überrumpelt, sondern mußten durchweg die natürlich nicht ausbleibenden Ausstellungen und Meldungen an die Arbeitgeber als verdient anerkennen. Selbstverständlich ließen sich unangenehme Zwischenfälle nicht völlig vermeiden, so wurde ich sogar einmal des Diebstahls verdächtig gemacht, doch waren dies nur verschwindend wenige Fälle, die außerdem nicht durch die Arbeiterinnen, sondern durch deren Ehemänner veranlaßt wurden.

Nach und nach richtete ich meine Besuche immer unregelmäßiger ein, sodaß die Arbeiterinnen gewappnet sein mußten und es nun bequemer fanden, immer alles in Ordnung zu halten. Mit der Zeit hatte ich auch die Kontrolle ausgedehnt auf den Arbeitsraum, die Kleidung der Arbeiterin usw... Nun bin ich ein volles Jahr tätig. Ich bin überzeugt, daß keine meiner Arbeiterinnen in der Kontrolle noch einen unberechtigten Eingriff in ihre häuslichen Rechte erblickt[2]. Es ist mir eine ganz besondere Freude, daß einige Arbeiterinnen, die aus häuslichen Gründen die Arbeit aufgaben, mir versicherten, daß sie sich freuen würden, wenn ich sie trotzdem noch besuchen würde. Auch die Ehemänner stehen der Einrichtung freundlich gegenüber und zeigen mir in Abwesenheit der Frau willig Tabak, Arbeitstisch usw. Einige Arbeiterinnen waren aufrichtig genug, mir zu erzählen, daß der Mann die Kontrolle für sehr nützlich halte, weil seitdem Ordnung in die Wirtschaft gekommen sei.

Ein leichtes Stück Arbeit waren derartige Erfolge freilich nicht, verstanden es doch manche Mütter garnicht, ihre Kinder zur Ordnung anzuhalten. Wie dankbar nahmen sie es dann hin, wenn ich als Respektsperson die Kinder ermahnte, ihnen Pflichten im Haushalt zuerteilte, ihr Ehrgefühl weckte. Und wie manche Frau bedurfte einmal der freundlichen Zusprache, wenn sie infolge allzugroßer Kümmernisse gleichgültig ge-

---

[1] Vom 10. Dezember 1909; in dem Organ der Arbeitgeber, der „Süddeutschen Tabakzeitung", wurde der Bericht am 23. März 1911 veröffentlicht.
[2] Vgl. jedoch S. 29.

worden war und darum es an der nötigen Ordnung fehlen ließ. . . . ."

Die Kontrolle geht meist in folgender Weise vor sich: Die Beamtin läßt sich den Arbeittisch zeigen, der während der Arbeit vorschriftgemäß höchstens Tabak für 100 Stück Zigaretten[1] enthält, ferner eine Anzahl Hülsen. Die bereits fertigen Zigaretten liegen übereinander geschichtet auf dem Tisch und werden nach vollendeter Arbeit in die vorgeschriebenen Kartons gepackt; fast alle Tische enthalten eine Schieblade zur Aufbewahrung des Kontrollbuchs, für die arbeitfreie Zeit auch der Hülsen und der etwa angewandten Metallmaschinchen. Für diese arbeitfreie Zeit ist der Tisch mit einem weißen Tuch oder einer sauberen weißen oder grauen Schürze bedeckt. Auf die Kontrolle des Tisches folgt die des Tabakbehälters: die Kontrolleurin greift gewöhnlich eine Handvoll Tabak heraus, um sich zu überzeugen, ob er trocken und nicht etwa vorschriftwidrig angefeuchtet ist. Der Behälter befindet sich während der Arbeit neben dem Tisch, in der arbeitfreien Zeit in einem kühlen, lüftbaren Raume, meistens auf dem Korridor. Ist die Heimarbeiterin gerade beim Arbeiten, so überwacht die Kontrolleurin eine Weile das Zigarettendrehen und trägt schließlich einen Vermerk in das Kontrollbuch ein, das sich in der Schieblade befindet.

Die Heimarbeiterinnen erhalten bei ihrer Anstellung ein solches Buch, das auf dem Umschlag ihren Namen führt und auf den beiden ersten Seiten einen Abdruck der „Bestimmungen für die in der Heimarbeit beschäftigten Personen" mit Unterschrift der Arbeiterin enthält. Die folgenden Seiten dienen den Kontrollvermerken der Beamtin.

(Muster eines Kontrollbuchs).

Zeit der Revision	Name des Beamten	Bemerkungen
1. III. 1911 4½ Uhr	N. N.	nicht zu Hause getroffen[2].
20. III. 1911 12 Uhr	N. N.	
15. IV. 1911 3 Uhr	N. N.	
29. IV. 1911 3½ Uhr	N. N.	nicht zu Hause getroffen.
19. V. 1911 4 Uhr	N. N.	
8. VI. 1911 9½ Uhr	N. N.	

usw. usw.

---

[1] Vgl. Ziffer 4 in den Bestimmungen für die Heimarbeiterinnen. (S. 23).
[2] Hat die Kontrollbeamtin die Arbeiterin nicht zu Hause getroffen, so wird der Vermerk über den vergeblichen Besuch beim nächsten Male eingetragen, es sei denn, daß in Abwesenheit der Arbeiterin der Ehemann den Arbeitstisch usw. der Beamtin zeigt; dann trägt sie den Vermerk sogleich ein.

Häufig wird die Kontrolleurin[1] von der Arbeiterin in Privatangelegenheiten zu Rate gezogen[2] und verweilt dann noch eine Zeitlang plaudernd, ehe sie sich verabschiedet[3].

Findet die Beamtin etwas Vorschriftwidriges, so ermahnt bzw. verwarnt sie die Arbeiterin in freundlicher Weise; auf Bitten der Kontrolleurin wurde ihr vom Arbeitgeberverband der Zigarettenindustrie für Dresden und Umgegend gestattet, kleine Vergehen unangemeldet zu lassen, wenn eine Besserung der Arbeiterin zu erwarten ist[4]. Der Verbandsvorsitzende entscheidet, welche Meldungen an die Arbeitgeber weitergegeben werden sollen.

Mit Recht bemerkt der Syndikus des Verbandes der deutschen Zigarettenindustrie[5]: „Hier kommt es in erster Linie nicht darauf an, daß schematisch[6] überwacht wird..., hier ist es vor allem notwendig, mit feinem Taktgefühl und Verständnis auf die Heimarbeiterinnen günstig einzuwirken." Die damalige Kontrollbeamtin[7] entsprach solchen Anforderungen durchaus und waltete ihres schwierigen Amtes mit Klugheit und Feingefühl, wodurch sie viel Einfluß auf die Heimarbeiterinnen hatte. Sie verstand besonders, den Frauen alles das zu suggerieren, was im Interesse der Reinlichkeit und etwa auch sonst (z. B. bei Privatangelegenheiten einer Arbeiterin) nötig war. Dadurch wurde sie zur Vertrauten der Kontrollierten und somit **eine wesentliche Stütze des Unternehmertums**.

Sehr verdienstlich war es, daß sie, wie sie erwähnt[8], „die Kinder ermahnte", wenn „manche Mütter garnicht verstanden, die Kinder zur Ordnung anzuhalten". Ich habe selbst solche Ermahnungen der Beamtin mitbeobachtet, und dabei bestätigt

---

[1] Neben Eintragungen besonderer Natur vollzieht die Kontrolleurin dieselben Eintragungen in ihrem eigenen Notizbuch, das sie zur Berichterstattung dem Verbandsvorsitzenden vorlegt. (Vgl. § 7 des Vertrages zwischen ihr und dem Verbande, S. 21.).

[2] Vgl. den zitierten Bericht der Beamtin (S. 26).

[3] Dieses Plaudern steht natürlich nicht im Gegensatz zu der Bestimmung in § 4 des Vertrages zwischen dem Arbeitgeberverband und der Kontrolleurin, weil das Plaudern in diesen Fällen im Interesse eines vertrauensvollen Verhältnisses zwischen ihr und den Heimarbeiterinnen notwendig ist.

[4] Diese Abschwächung von § 6 des erwähnten Vertrages zeigt, daß mit der dort festgesetzten, etwas bürokratischen Bestimmung nicht auszukommen war.

[5] In der „Süddeutschen Tabakzeitung" vom 23. März 1911.

[6] In der Reichstagskommission zur Beratung des Entwurfs eines Hausarbeitgesetzes beantragte z. B. ein Abgeordneter: „Die Räume (der Heimarbeiterinnen) müssen mindestens 12 cbm Luftraum für jede darin beschäftigte Person enthalten." (XII. Legislaturperiode, II. Session, Nr. 237 der Drucksachen des Reichstags. S. 24.)

[7] Sie ist inzwischen in den sächsischen Staatsdienst übergegangen.

[8] Am Schluß des zitierten Berichts.

gefunden, daß manche Mütter gar so unfähig waren zur Erziehung ihrer Kinder.

Ich habe mit der Kontrollbeamtin in Dresden und Umgegend 32 Heimarbeiterinnen der verschiedensten Fabriken in ihren Wohnungen aufgesucht und gewann damals fast durchweg freundliche Eindrücke; nur einmal — im Zentrum Dresdens — habe ich das vielgenannte „Heimarbeiterelend" gefunden. Als ich später freilich die Löhne und Mietpreise feststellte, wurden die freundlichen Eindrücke etwas verwischt. Außerdem fiel mir auf, als ich später allein einige von denselben Heimarbeiterinnen besuchte, bei denen ich mehrere Wochen zuvor mit der Kontrolleurin gewesen war, daß die Frauen über ihre Lage sehr klagten, trotzdem sie in Gegenwart der Beamtin sich günstig darüber ausgesprochen hatten. Obwohl ich ihnen den Zweck meiner Anwesenheit eingehend erklärte[1], und auch an den gemeinsamen Besuch mit der Kontrolleurin erinnerte, äußerten sie — manche sogar mit Erbitterung —, daß sie bei den geringen Löhnen kein Fortkommen fänden, und griffen die Unternehmer sowie die Kontrolleinrichtung überhaupt[2] heftig an. Es wurde mir bald klar, daß diese Frauen überhaupt jedes Urteils entbehren und nicht imstande sind zu sagen, was sie zu ihrem eigenen Besten für gut halten. Wenn die Beamtin ihnen die Vorzüge der Kontrolleinrichtung und der Heimarbeit lobt, so stimmen sie ihr bei; wenn ihnen dann jemand das Gegenteil sagt, oder auch nur einer kommt, der sich neutral verhält, so überschütten sie ihn geradezu mit Klagen, bei denen Berechtigtes und Unberechtigtes in törichter Weise vermischt ist[3]. Nimmt man sich nun die Mühe, eine unrichtige Behauptung zu widerlegen, so stimmen die Arbeiterinnen der Widerlegung zu und widerlegen sich somit selbst, aber das empfinden sie nicht. Im ganzen dürfte sich diese sonderbare Erscheinung wohl neben einem gewissen Mangel an Intelligenz aus ihrer gedrückten Lage erklären, die vernünftiges Denken allmählich abstumpft.

Es soll an dieser Stelle keine Würdigung der Kontrolleinrichtung ausgesprochen, sondern nur Tatsächliches, vor allem Selbstbeobachtetes geschildert werden; die Kritik ist dem letzten Abschnitt dieser Darstellung vorbehalten.

Der sozialdemokratische Tabakarbeiterverband verhielt

---

[1] Sie konnten mich also nicht für einen gewerkschaftlichen Abgesandten oder dergleichen halten, dem sie ihre Lage absichtlich schwarz färben müßten.

[2] Es spricht für die Kontrollbeamtin, daß von den Arbeiterinnen keinerlei persönlicher Angriff gegen sie gerichtet wurde.

[3] Daraus könnte man folgern, daß den Heimarbeiterinnen entgegen dem Wunsche vieler Sozialpolitiker keine Stimme in den zu schaffenden Arbeitskammern gewährt werden sollte.

sich völlig ablehnend zu der Kontrolleinrichtung. Das ist nicht nur aus der alten Abneigung der Sozialdemokratie gegen die Heimarbeit überhaupt zu erklären, sondern in diesem besonderen Falle daraus, daß die Einrichtung in gewisser Hinsicht zu einer Stütze des Unternehmertums geworden ist. Leider hat der „Tabakarbeiter"[1], das Organ der sozialdemokratischen „Tabakarbeiter und -Arbeiterinnen Deutschlands" neben sachlichen auch persönliche Angriffe in gröbster Form gegen die Kontrollbeamtin erhoben; doch durch solches Vorgehen wird die Verwirrung in den Köpfen der Heimarbeiterinnen nur gesteigert, ohne daß ihnen damit geholfen wäre.

Heimarbeiterinnen, die lediglich als Hülsenkleberinnen beschäftigt werden, unterstehen der Kontrolle nicht. Zwar wird von den Fabriken streng darau gesehen, daß das Material in einwandfreiem Zustande abgeliefert wird; dennoch ist damit keine Gewähr gegeben, daß die Hülsen von gesunden Menschen und in sauberen Räumen hergestellt werden. Es empfiehlt sich, auch diese Heimarbeiterinnen der Kontrolleinrichtung zu unterstellen. Möglich, daß die Fabrikanten auch hier durch Bemängelungen des Publikums später einmal zur Einführung der Kontrolle bestimmt werden.

Wenn wir nun die weitere Entwicklung und die Bedeutung der Heimarbeit für die Dresdner Zigarettenindustrie würdigen wollen, so müssen wir nunmehr die Wirkungen des Zigarettensteuergesetzes vom 3. Juni 1906 und des Gesetzes betreffend Abänderung des Tabaksteuergesetzes vom 15. Juli 1909 betrachten.

Das Zigarettensteuergesetz vom 3. Juni 1906 brachte nach dem Beispiel des russischen Akzisegesetzes von 1838 eine Fabrikatwertsteuer in Form einer Banderolensteuer auf Zigaretten, Zigarettentabak und Zigarettenhülsen bzw. zugeschnittene -Blättchen. Hier interessiert hauptsächlich, daß die Steuer für das Mille Zigaretten betrug:

im Kleinverkaufspreise bis 15 Mk. . . . . 1,50 Mk.
„ „ über 15—25 Mk. . . . 2,50 „
„ „ über 25—35 „ . . 3,50 „
„ „ über 35—50 „ . . 5,— „

Dahingegen beträgt die Steuer für Zigaretten:

im Kleinverkaufspreise über 50—70 Mk. . . 7,— Mk.
„ „ über 70 Mk. . . . . 10,— „

Durch das Gesetz vom 15. Juli 1909 betreffend Änderung des Tabaksteuergesetzes[2] wurden dann die Steuersätze erhöht, und zwar für das Mille Zigaretten:

---

[1] Vom 9. April 1911.
[2] Vom 16. Juli 1879.

im Kleinverkaufspreise	bis 15 Mk.	. . . .	2,—	Mk.
„ „	über 15—25 Mk.	. .	3,—	„
„ „	über 25—35 „	. .	4,50	„
„ „	über 35—50 „	. .	6,50	„
„ „	über 50—70 „	. .	9,50	„
„ „	über 70 Mk.	. . . .	15,—	„

Ausländische Fabrikate unterliegen derselben Steuer zuzüglich eines Eingangszolls für Zigaretten von 1000 Mk. pro Doppelzentner.

Die Steuer auf Zigarettenhülsen und zugeschnittene Zigarettenblättchen beträgt 2 Mk. für 1000 Stück, für Zigarettenpapier mit Ausnahme des der gewerblichen Verarbeitung dienenden 1 Mk. für 1000 Stück.

Also gerade die billigeren Sorten (dasselbe gilt für den Zigarettentabak), die Zigaretten des gemeinen Mannes — also des Hauptkonsumenten — haben prozentual die höchste Steuer zu tragen. Bormann bemerkt hierzu: „So kommt es, daß gerade die billigsten Zigaretten, nämlich die 5/6-Pfg-Zigarette mit einer Steuer von 24 % ihres Wertes belastet ist, während der Steuerbetrag z. B. einer Zehnpfennigzigarette, also der ausgesprochenen Zigarette des reichen Mannes, nur 13 % des Wertes der Zigarette ausmacht!"

Kein Vernünftiger wird sich auf den Schlagwort-Standpunkt vom „Pfeifchen des armen Mannes", der geschont werden müsse, stellen wollen; denn solche Stellungnahme kann vor der Geschichte nicht bestehen. Aber es muß darauf hingewiesen werden zum Verständnis der späteren Ausführungen dieser Arbeit, daß die prozentual höhere Belastung der geringen Sorten, bei denen die Fabrikanten nicht die Steuer auf die Konsumenten abwälzen konnten, die Industrie zu Maßnahmen drängte, die durch ihre Wirkungen tief in die Arbeitverhältnisse einschnitten und letzten Endes einer Vertrustung auch der deutschen Zigarettenindustrie die Wege ebneten, weil sich nunmehr nur noch die großen und größten Betriebe lohnend zu halten vermochten. Freilich muß der Gerechtigkeit halber gesagt werden, daß Bundesrat und Reichstag nicht gut anders beschließen konnten, wenn sie der Reichskasse namhafte Beträge aus einer Zigarettensteuer zuführen wollten. Die wohlhabenden Raucher die sich 5—10-Pfg.-Zigaretten kaufen, sind gering an Zahl. Die Masse muß es bringen. Die Masse, von der allein der Fabrikant sich erhalten kann, zwingt ihn nun wegen ihrer begrenzten Leistungfähigkeit, für sein Fabrikat die Steuer selbst zu tragen, statt sie abzuwälzen. Deshalb mußte er nach billigen Produktionsmöglichkeiten suchen, weil er nur so die Last der Steuer wieder ausgleichen konnte, die auf ihm selbst lastete.

Das Gesetz wegen Änderung des Tabaksteuergesetzes vom

15. Juli 1909 hat weit stärkere Wirkungen auf die Zigarettenindustrie, in erster Linie mit auf die Heimarbeit in Dresden ausgeübt als das Zigarettensteuergesetz vom 3. Juni 1906. **Besonders waren die ungünstigen Folgen 1909 härter und dauerten länger als 1906.**

Wie im Jahre 1906 so versahen sich auch 1909 in der Zeit zwischen Erlaß und Inkrafttreten des Steuergesetzes Wiederverkäufer und Konsumenten mit so großen Zigarettenvorräten, daß nach Inkrafttreten des Gesetzes [1] zunächst keine großen Aufträge an die Fabriken ergingen. Infolgedessen fand eine beträchtliche Anzahl Arbeiterentlassungen statt. Der „Tabakarbeiter" ist voll von Berichten über Arbeitlosigkeit in allen Gegenden der deutschen Tabakindustrie. Am schwersten wurden die Zigarrenarbeiter getroffen. Doch auch die Zigarettenfabrikanten mußten vielfach ihre Arbeiter entlassen oder — wo das nicht geschah — griff man zu einer (teilweise geradezu ungeheuren) Beschränkung der Arbeitzeit. Das gilt vor allem für die mittleren und kleinen Betriebe. In manchen kam es vor, daß an bestimmten Wochentagen überhaupt nicht gearbeitet werden durfte. In diesen mittleren und kleinen Fabriken erging es den Heimarbeiterinnen noch härter als ihren Fabrikkolleginnen. Sie wurden größtenteils arbeitslos, — obwohl sie billiger arbeiteten als die Fabrikarbeiterinnen — weil man sich der Heimarbeiterinnen entledigen konnte, ohne auf Widerstand einer Organisation zu stoßen, während bei etwaigen Entlassungen der Fabrikarbeiterinnen und der Kürzung der Arbeitzeit heftige Opposition von seiten des Gewerkschaftsvereins drohte.

Ganz anders lagen die Verhältnisse in der Großindustrie, die mehr und mehr für die deutsche Zigarettenindustrie überhaupt typisch wird. Hier suchte man die Arbeitlöhne durch beschleunigte Einführung von Maschinen, durch Errichtung von Zweigfabriken in kleinen Orten industriearmer Gegenden — hauptsächlich im sächsischen Erzgebirge — und durch Vergebung der Arbeit an Heimarbeiterinnen zu verbilligen und so die Verteuerung der Produktion infolge Erhöhung der Banderole auszugleichen.

Da all diese Auswege aus den Verteuerungschwierigkeiten ineinander und durcheinander führen, so wollen wir sie der Reihe nach betrachten.

1. **Einführung von Maschinen.** — In dieser Abhandlung kann nur en passant eingegangen werden auf die Einführung von Maschinen. Immerhin ist zur Beurteilung der allgemeinen Lage in der Dresdner Zigarettenindustrie in Verbindung mit der Heimarbeitfrage folgendes zu sagen:

---

[1] Das Gesetz trat teils am 15. August, teils am 1. September 1909 in Kraft.

[1] Die Einführung von Zigarettenmaschinen, besonders im Großbetriebe, begann in Dresden Ende der achtziger Jahre. Damals kamen die ersten Maschinen des Systems Bonsack aus Amerika nach Deutschland. Seitdem entwickelte sich in Deutschland selbst eine große, leistungkräftige Maschinenindustrie, die es durch unablässiges Ersinnen und Durchführen von Verbesserungen dahin brachte, daß heutzutage bei den besten Systemen die Maschinen- beinahe der Handarbeit gleichkommt.

Man unterscheidet zwei Maschinenarten: Stopf- und Zigarettenmaschinen. Die ersten stopfen den Tabak in fertige Hülsen, die auf besonderen Hülsenmaschinen hergestellt sind, und werden hauptsächlich für Zigaretten mit Pappmundstück verwandt; die anderen dienen der Anfertigung von Zigaretten mit Gold- oder Korkmundstück oder auch ohne Mundstück. Sie „verrichten vollkommen automatisch folgende Arbeiten:

1. Das Erfassen des Zigarettenpapiers;
2. Das Stempeln desselben;
3. Das Zuschneiden des Papiers;
4. Das Wickeln und Rollen desselben;
5. Das Gummieren;
6. Das Schließen und Formen der Zigarette;
7. Die Verteilung des Tabaks;
8. Das Füllen resp. Formen der Zigarette;
9. Das Zukleben der Zigarette;
10. Das Verpacken der fertigen Zigaretten in die Kartons."

Nach Art der hier geschilderten sind die meisten Zigarettenmaschinen konstruiert.

Eine der größten Dresdener Zigarettenfabriken läßt gegenwärtig arbeiten [2]:

Hülsenmaschinen:

2 russische Semenoff mit durchschnittl. Tagesleistung von ..	40 000 Stück	=	80 000 Stück
1 französische mit durchschnittl. Tagesleistung von	40 000 „	=	40 000 „
9 Händel u. Reibisch mit durchschnittl. Tagesleistung von ..	40 000 „	=	360 000 „
5 Händel u. Reibisch mit durchschnittl. Tagesleistung von ..	90 000 „	=	450 000 „
2 Sprick m. durchschnittl. Tagesleistung von	70 000 „	=	140 000 „
19 Hülsenmaschinen mit durchschnittl. Tagesleistung von	950 000 Stück.		

---

[1] Vgl. hierzu im wesentlichen das verdienstvolle Buch Dr. L. Heydes über „Die volkswirtschaftliche Bedeutung der technischen Entwicklung in der deutschen Zigarren- und Zigarettenindustrie". (10. Heft der Tübinger staatswissenschaftl. Abhandlungen. Stuttgart 1911.)

[2] Das Folgende wird auf Grund authentischer Mitteilungen angegeben.

	Übertrag:	950 000 Stück		
1 Münchener mit durchschnittl. Tagesleistung von........		90 000	= 90 000	„
2 Münchener (Goldmundstück) m. durchschnittl. Tagesleistung von...............		30 000 „	= 60 000	„

zus.: 22 Hülsenmaschinen mit durchschnittl. Tagesleistung von 1 220 000 Stück.

Dazu kommen:

1 Goldlegemaschine mit durchschnittl. Tagesleistung von..	4 Bobinen[1].		
9 Bergsträßer (mit Mundstück) m. durchschnittl. Tagesl. von	40 000 Stück	= 360 000 Stück	
1 Bonsack (ohne Mundstück) mit durchschnittl. Tagesl. von...	80 000 „	= 80 000	„
1 U. M. (Bonsack; ohne Mundstück) m. durchschnittl. Tagesleistung von..........	120 000 „	= 120 000	„
7 U.K.(Bonsack;Goldmundstück) m. durchschnittl. Tagesl. von	70 000 „	= 490 000	„

zus.: 18 Zigarettenmaschinen mit durchschnittl. Tagesleistung von 1 050 000 Stück.

Die Hülsenmaschinen laufen täglich 8½ Stunden; die Bergsträßer 8 Stunden, die Bonsacks 7 Stunden.

Es werden beschäftigt:

An 22 Hülsenmaschinen = 3 Maschinisten.
„   9 Bergsträßer.... = 2   „
„   9 Bonsacks..... = 9   „
„   1 Goldlegemaschine = 1   „

zusammen: An 41 Maschinen.... = 15 Maschinisten.

Der Wochenlohn dieser Maschinisten schwankt zwischen 25 und 40 Mk., des Tagesdurchschnitt ergibt 5,50 Mk.

Außerdem wird an jeder Maschine eine Arbeiterin beschäftigt; der Wochenlohn beträgt[2]:

An Hülsenmaschinen = 10—17 Mk., Tagesdurchschn. = 2,50 Mk.
An den Bergsträßer = 13—18 Mk., Tagesdurchschn. = 2,70 Mk.
An den Bonsacks.. = 11—14 Mk., Tagesdurchschn. = 2,20 Mk.

Zur Herstellung der 1 050 000 Stück Zigaretten wären 875 Handarbeiter erforderlich; denn die Tagesleistung eines Handarbeiters in der Fabrik beträgt durchschnittlich 1200 Stück; an den Maschinen sind aber nur nicht ganz 60 Personen beschäftigt.

Wie in diesem Großbetrieb ist es in den meisten großen Zigarettenfabriken. In Dresden arbeiten in den drei größten (A. M. Eckstein & Söhne, Jasmatzi und Yenidze) etwa 100 Hülsen-

---

[1] Der Ausdruck „Bobine" kommt aus der Spinnerei; da bedeutet er „Spule". In der Zigarettenindustrie versteht man unter Bobinen Rollen, auf denen das Zigarettenpapier in schmalen Streifen aufliegt.

[2] Die Zigarettenhandarbeiterinnen verdienen in der Fabrik wöchentlich 13—15 Mk.

maschinen mit einer durchschnittlichen Tagesleistung von über 6 Millionen Hülsen, etwa 60 Zigarettenmaschinen mit einer durchschnittlichen Tagesleistung von über 4½ Millionen Zigaretten. Diese Maschinen leisten eine Arbeit von 4500 Handarbeitern und Hülsenklebern, während an den Maschinen nur rund 250 Arbeiter bzw. Arbeiterinnen beschäftigt sind. Die Maschinen arbeiten 7—8 Stunden; dagegen die Handarbeiter pflegen 9—10 Stunden Fabrikarbeit zu tun, und daran schließt sich noch eine 2—3stündige Arbeitszeit zu Hause[1], wo die für den nächsten Tag erforderlichen Hülsen angefertigt werden müssen.

Die Zahl der Handarbeiter geht nun — wenigstens in Dresden — dauernd zurück, besonders seitdem in den großen Fabriken **sogar die 2-Pfg.-Zigaretten — diese umfassen beinahe 70% der Gesamtproduktion — mit Maschinenarbeit hergestellt werden**[2], neuerdings selbst die 3½-Pfg.-Zigarette und in zwei Fabriken sogar die Zigaretten bis zu 5 Pfg. Man darf gespannt sein, wie nun die statistischen Ergebnisse über die Zahl der Handarbeiter in Fabriken und auch der Heimarbeiter für die Zeit 1910—1911 lauten werden[3].

Diese Entwicklung ist beschleunigt worden durch die Steuergesetze von 1906 und besonders 1909. Leider liegen bisher nur die amtlichen Zahlenergebnisse bis 1908 einschließlich vor, sodaß man bei den Zahlen für die Jahre 1909/10 und 1910/11 vorläufig noch auf private Mitteilungen angewiesen ist. Doch sprechen auch die amtlichen Zahlen von 1906 bis 1909 deutlich genug[4].

	Fabriken m. 5 und mehr Gehilfen	Mit reiner Maschinenarbeit	Mit Maschinen- und Handarbeit	Mit reiner Handarbeit	Mit Heimarbeit
1. Juli 1906 bis 31. März 1907	238	16	155	999	346
1. April 1907 bis 31. März 1908.	280	18	149	1032	366
1. April 1908 bis 31. März 1909.	250	26	164	1083	375

[1] Nach persönlicher Mitteilung der Arbeiter.

[2] Als einzige Ausnahme unter den Dresdener Großbetrieben ist die Firma A. M. Eckstein & Söhne zu nennen, die alle Zigaretten von 2 Pfg. an als Handarbeit herstellen läßt.

[3] Die Vierteljahrshefte zur Statistik des Deutschen Reiches (1911 III. 92) stellen in der Tat schon fest, daß die Heimarbeit im Jahre 1910 abgenommen habe, und bemerken weiter: „Die Heimarbeit wird mit der steigenden Einführung der Maschinen immer mehr entbehrlich."

[4] Hierunter sind die Fabriken zusammengezählt, die nur Zigaretten, und solche, die Zigaretten und Zigarettentabak herstellen, da sie logisch zusammengehören und nur aus steuertechnischen Gründen von der Statistik getrennt werden.

Im Laufe eines Jahres fielen die nur Zigaretten und Zigarettentabak herstellenden Betriebe von 280 auf 250. Zu diesen Zahlen bemerkt die „Süddeutsche Tabakzeitung": „Ein ganz besonders starker Rückgang, weil noch in dem Jahre eine ganze Reihe Zigarettenfabriken eingerichtet sind, von denen nur sehr wenige Aussicht haben zu reussieren. Trotzdem ist aber die Menge der in dem Jahre hergestellten Zigaretten erheblich größer als im Vorjahre, denn die Steuereinnahme stieg von 15,2 Millionen Mark auf 17,1 Millionen Mark. **Dieses Mehr kommt aber ganz allein den Großbetrieben zugute.** Das kommt ganz deutlich darin zum Ausdruck, daß sich die Zahl der mit Maschinen arbeitenden Zigarettenindustriellen stark vermehrt hat. Zigarettenmaschinen sind sehr teuer und können nur von Großunternehmungen aufgestellt werden."

Freilich wird von der Großindustrie die Tatsache der vermehrten Einstellung von Maschinen nicht gern zugegeben; ist es doch vorgekommen [1], daß Fabrikanten den Konsumenten verschwiegen, daß ihre Zigaretten jetzt mit der Maschine herstellt werden, daß sie also „den Raucher vielmehr in dem Glauben lassen [1], daß er nach wie vor Handarbeit, welcher der Vorrang gegeben wird, erhält."

Auch hierzu sei eine Stelle aus dem oben erwähnten Aufsatz in der „Süddeutschen Tabakzeitung"[2] angeführt: „Die Verbilligung der Produktion durch die Maschinenarbeit, die ganz außerordentlich bei den billigeren Marken ins Gewicht fällt, ist es, die die mittleren Betriebe vernichtet hat und weiter vernichtet. **Die Zigarettenindustrie war, solange sie eine Industrie mit Handarbeit war, gerade wie die Zigarrenindustrie, bis vor einigen Jahren eine Industrie des Mittelstandes. Durch die überhandnehmende Einführung der Maschine wird sie immer mehr eine großkapitalistische. Die neue Erhöhung der Zigarettensteuer wird diesen Prozeß nur beschleunigen.**"

Graack bemerkt in seiner Studie über Arbeiter- und Lohnverhältnisse zu der Tatsache, daß die der Arbeiterzahl nach größte deutsche Zigarettenfabrik (die Firma A. M. Eckstein & Söhne) vorwiegend Handarbeitszigaretten liefert: „Das Vorherrschen der Handarbeit gilt überhaupt als besonderes Charakteristikum des Gewerbezweiges. Nur die billigsten Zigarettensorten werden mit Maschinen hergestellt." Diese Behauptung traf schon damals (1909) kaum und jetzt gar nicht mehr zu. Die Firma A. M. Eckstein & Söhne bildet

---

[1] Hierzu vgl. „Flugschrift der Zentralkommission der Tabakarbeiter Deutschlands", zitiert bei Heyde in seinem mehrfach erwähnten Buche S. 213.

[2] Vom 14. Oktober 1909.

eben in dieser Beziehung unter den Großbetrieben eine Ausnahme. Die Prophezeiung der „Süddeutschen Tabakzeitung" ist in Erfüllung gegangen, wie aus dem neuesten Berichte der Vierteljahrshefte zur Statistik des Deutschen Reiches[1] hervorgeht: „Dank der Möglichkeit, die Herstellung mit der Hand immer mehr durch die billige Maschinenarbeit zu ersetzen, in Verbindung mit der großzügigen Reklame, die sie infolge ihrer finanziellen Leistungsfähigkeit betreiben können, gelingt es den Großbetrieben immer mehr, mit ihren bekannten Marken, den Wettbewerb der kleinen Geschäfte, namentlich in den für den Massenverbrauch in Betracht kommenden Sorten auszuscheiden." Es ist schon auf Seite 4 dieser Arbeit eine andere Stelle aus den statistischen Vierteljahrsheften[2] angeführt worden; da ergab sich, daß infolge der starken steuerlichen Belastung der Zigarre die „große Masse der Verbraucher"[3] sich der Zigarette immer mehr zuwandte. Man kann also ermessen, wie die **Zigarettenfabrikanten der Großindustrie** infolge der Ausgleichung der Steuerbelastung für die Zigarette durch Anschaffung von Maschinen und infolge des Anschwellens des Zigarettenkonsums durch die Verteuerung der Zigarre geschäftlich die wirtschaftliche Depression glänzend überwunden haben.

Die mittleren und kleinen Zigarettenfabrikanten hatten an sich schon schwer genug unter der Weltrohtabaksteuerung zu leiden (überwunden von den Großindustriellen trotz mancher Schwierigkeiten schließlich „durch Einkauf im Großen aus erster Hand, da sie den Rohtabak zu wesentlich billigeren Preisen bekommen als die kleinen Geschäfte, denen durch den Gewinn der Zwischenhändler der Tabak noch mehr verteuert wurde"[4]), als sie von der neuen abermaligen Steuererhöhung im Jahre 1909 getroffen wurden, die sie zwar ebensowenig wie meistens die Großbetriebe auf die Konsumenten abwälzen, die sie aber auch nicht durch erhöhten Konsum oder durch Anschaffung der teuren Maschinen ausgleichen konnten.

2. **Gründung von Zweigbetrieben in industriearmen Gegenden.** — Bereits vor dem Inkrafttreten des Zigarettensteuergesetzes von 1906 gründete eine Dresdener Großfirma einen Filialbetrieb in Geising-Altenberg im Erzgebirge. Dieselbe Fabrik errichtete später noch in mehreren anderen Orten auf dem Lande und im Gebirge solche Betriebe, und andere Firmen haben dies angeblich ihrerseits nachgeahmt. An dem Beispiel von Geising-Altenberg läßt sich erkennen, welche Vorteile dem Fabrikanten aus der Verlegung von

---

[1] 1911 III. 92.
[2] 1910 IV. 152.
[3] 1911 III. 92.
[4] 1911 III. 92.

Zweigfabriken in industriearme Gegenden erwachsen. Bis zur Gründung der Filiale bestand die einzige Erwerbsmöglichkeit jener ärmlichen Gebirgsbewohner im Flechten von Strohhüten (in Heimarbeit), wofür ein äußerst geringer Lohn gezahlt wurde. Die betreffende Dresdner Zigarettenfirma zahlte den Arbeiterinnen der neuen Filiale höhere Löhne als je in der Strohhutfabrikation gezahlt werden konnte. Infolgedessen wurde der Zudrang von Arbeitwilligen sehr stark, und die Filiale zählte nach kurzem Bestehen im Jahre 1908 bereits 60 Arbeiterinnen. Neuerdings errichtete die betreffende Firma sogar eine Fabrikschule in Geising-Altenberg, wo die schulentlassenen Mädchen im Zigarettendrehen unterrichtet werden.

Bei dem großen Angebot von Arbeitkräften ist es dem Fabrikanten leicht, unter ihnen eine Auswahl zu treffen, während er in der Stadt meistens an Angeboten Mangel hat und daher nehmen muß, was sich ihm bietet. Vor allem aber kann er nach freiem Belieben die Höhe des Lohnes bestimmen, der natürlich viel geringer ist als bei den städtischen Fabrikarbeiterinnen[1]. Denn die völlig unorganisierten Arbeiterinnen im Filialbetriebe sind schon zufrieden, wenn sich ihnen überhaupt Gelegenheit bietet, etwas mehr als bei den kärglich bezahlten Strohhutarbeiten zu verdienen; außerdem sind sie der gewerkschaftlichen Organisierung wegen der Weltabgeschiedenheit ihres Ortes und einer gewissen rustikalen Schwerfälligkeit[2] nicht zugänglich[3] und also in der Lohnfrage und auch sonst vom guten Willen des Fabrikherrn abhängig. Noch dazu bedeutet für ihn dieser Mangel an Organisationsmöglichkeit einen weiteren Vorteil; denn selbstverständlich können die Arbeiterinnen in solchen industriearmen Gegenden nicht so viel Lohn beanspruchen wie in der Großstadt, wo die ganze Lebenshaltung teurer ist als in der Abgeschiedenheit des Gebirges: Vor Agitationen für Lohnbewegungen braucht er sich nicht zu fürchten[4]!

3. Vergebung von Material an Heimarbeiterinnen. — Die Einführung von Maschinen und die Gründung von Filialbetrieben mußten vor der Besprechung über Materialvergebungen an Heimarbeiterinnen dargelegt werden, weil man erst in diesem Zusammenhange sich ein richtiges Bild

---

[1] Ich habe die Lohnhöhe in Geising-Altenberg trotz Bemühungen an Ort und Stelle nicht beantwortet erhalten.
[2] Dies gilt für die meisten Filialbetriebe.
[3] In der Stadt sucht sich der Fabrikant vor der gewerkschaftlichen Agitation durch Verheimlichung der Adressen seiner Heimarbeiterinnen zu schützen.
[4] Es war nicht möglich, über solche Gründungen von Filialbetrieben etwas Genaueres zu erfahren, weil die Industriellen aus geschäftlichen Gründen nichts weiter darüber verlauten lassen.

von der Wirkung der Steuergesetze auf die Heimarbeit machen und ihre (der Heimarbeit) Bedeutung für die Dresdener Zigarettenindustrie würdigen kann.

Wir haben schon gesehen, daß in den mittleren und kleinen Betrieben neben Kürzung der Arbeitzeit für die Fabrikarbeiterinnen hauptsächlich die Last der veränderten Wirtschaftslage den Fabrikanten zur Entlassung von Heimarbeiterinnen veranlaßte. Bei dem Mangel an Aufträgen, unter dem die Zigarettenfabriken Ende 1909 und Anfang 1910 litten, konnten die Heimarbeiterinnen nicht mehr für die Vergebung von Material aus den mittleren und kleinen Betrieben berücksichtigt werden und wurden nun meist brotlos, soweit sie nicht auf die größeren Fabriken übernommen wurden. Doch da diese, wie gesagt, gewöhnlich ihren festen Stamm von Heimarbeiterinnen haben, — die für die Fabriken sofort nach Aufforderung bereit stehen —, so gelang es nur einer beschränkten Anzahl Frauen, sich in den Dienst der Großbetriebe zu retten. Sehr viele erlitten aber das Schicksal ihrer Kameradinnen aus den kleinen und kleinsten Fabriken: Sie blieben brotlos, und zuweilen konnten sie sich nach einigen Monaten so glücklich preisen, vielleicht in einer anderen Industrie als ungelernte Arbeiterinnen ihr Brot zu finden.

In jenen Tagen wirtschaftlicher Depression ergingen auch von zahlreichen Heimarbeiterinnen Unterstützungsgesuche an den Rat der Stadt Dresden um Gewährung von Beihilfen aus dem sogenannten „Viermillionenfonds". Auf Grund des Art. II. a. des Gesetzes wegen Änderung des Tabaksteuergesetzes vom 15. Juli 1909 sollten die „Hausgewerbetreibenden und Arbeiter", die mehr als ein Jahr im Tabakgewerbe beschäftigt waren und „nachgewiesenermaßen infolge dieses Gesetzes innerhalb des ersten Jahres nach dessen Inkrafttreten entweder vorübergehend oder für längere Zeit arbeitslos" wurden, „ohne anderweit entsprechende Beschäftigung zu finden", oder die „wegen Einschränkung des Betriebes geschädigt" wurden, „Unterstützungen bis zu einem Zeitraume von zwei Jahren erhalten", und es sollten deshalb den Einzelstaaten die nötigen Mittel aus der Reichskasse „bis zum Gesamtbetrage von vier Millionen Mark, dem festgestellten Bedürfnis entsprechend, überwiesen" werden.

Das Gewerbeamt des Rates zu Dresden, das für diese Gesuche zuständig ist, konnte die Unterstützungsansprüche, soweit Zigaretten- (Fabrik- oder Heim-) Arbeiter in Frage kamen, nicht anerkennen, weil der genannte Gesetzesartikel dem Zusammenhange der einzelnen Artikel nach zeigte, daß nach Absicht des Gesetzgebers nur solche „Hausgewerbetreibenden und Arbeiter" unterstützt werden sollten, die infolge Erhöhung der Tabaksteuer — Art. I u. II des Gesetzes — sich in ihrem Verdienste geschädigt sahen[1]. Nun ist aber die Erhöhung der Zigarettensteuer erst in Art. III a geregelt worden. Hätte das Gesetz die Unterstützung auch Arbeitern aus der Zigarettenindustrie zubilligen wollen, so ständen die Bestimmungen über Arbeiterunterstützungen sicherlich am Ende des ganzen Gesetzes. In den meisten Fällen wurde gegen den ablehnenden Bescheid des Gewerbeamtes des Rats zu Dresden binnen der vorgeschriebenen Frist von zwei Wochen bei der Kreishauptmannschaft Dresden Beschwerde erhoben; sie blieb selbstverständlich ebenfalls erfolglos.

Leider geben die Unterstützungstabellen in den Berichten des Tabakarbeiterverbandes für die Jahre 1909 und 1910 keine Übersicht, wie sich die gewährten Unterstützungen[2] auf die verschiedenen Zweige der Tabakindustrie verteilen, und wie wiederum in den einzelnen Zweigen auf Fabrik- und Heimarbeit. Aber aus den Mitteilungen der Verbandspresse kann man entnehmen, daß auch auf die Zigarettenarbeiter in Fabrik und Heimarbeit ein gerüttelt Maß von Elend ausgeschüttet war und daß sie auch jetzt noch zum Teil unter den ungünstigen Wirkungen des Steuergesetzes von 1909 zu leiden haben[3].

Hier sei auch einer eigentümlichen Folge des Steuergesetzes von 1909 gedacht:

[4] „Die Statistik bezeichnet es auch als einen industriellen Betrieb, wenn ein einzelner Arbeiter für sich allein Zigaretten herstellt und diese dann absetzt. Diese Art Betriebe, die infolge der Aufstellung von Zigarettenmaschinen usw. (in den Großbetrieben!) beständig zunimmt[5] . . . macht gerade 45 % aus[6]. Die mit Gehilfen arbeitenden Betriebe unterscheidet die Statistik in solche mit weniger als 5 Gehilfen und solche mit mehr als 5 Gehilfen. Auch die Betriebe mit weniger als 5 Gehilfen kann man nicht als industrielle Betriebe in der Zigarettenfabrikation bezeichnen. Sie werden in der Hauptsache gebildet von Zigarettenhändlern, die die für ihr Geschäft benötigten Zigaretten durch einige Arbeiterinnen herstellen lassen, und durch die sogenannten Dachstubenhersteller, die mit ein oder zwei Arbeiterinnen Zigaretten fabrizieren und diese an Wirte und Bekannte im kleinen absetzen. Auch

---

[1] In diesem Sinne lauteten die negativen Bescheide.
[2] Es handelt sich dabei um Unterstützungen aus Mitteln des Verbandes.
[3] Man muß nicht vergessen, daß durch die gesamte sogenannte Finanzreform von 1909 sich eine allgemeine Preissteigerung durchsetzte!
[4] Dieser Passus ist dem mehrfach erwähnten Artikel aus der „Süddeutschen Tabakzeitung" vom 14. Oktober 1909 entnommen. Was da allgemein von Deutschland gesagt ist, gilt ganz besonders für Dresden.
[5] Am 1. Juli 1906 gab es 413 solcher Betriebe, am 31. März 1908 426.
[6] Das ist zu verstehen von den Zigaretten herstellenden Betrieben, die von Ende März 1908 bis Ende März 1909 von 876 auf 956 stiegen.

diese Kategorie hat zugenommen wegen der zunehmenden Arbeitlosigkeit infolge der Aufstellung von Zigarettenmaschinen, zu der die Industrie durch die Sonderbesteuerung der Zigarette gezwungen wurde."

Arbeiterinnen in solcher Stellung werden häufig nur an bestimmten Tagen der Woche beschäftigt und auch dann nur eine engbegrenzte Zahl von Stunden. Daher lag es nahe, daß sich viele aus mittleren und kleinen Betrieben entlassene Heimarbeiterinnen solcher Beschäftigung zuwandten, die es ihnen ersparte, sich der Tätigkeit in einem ihnen unbekannten Industriezweige zuwenden zu müssen. Zugleich gewährte ihnen eine derartige Beschäftigung [1], ihren häuslichen Arbeiten und ihrer Familie fast im gleichen Maße widmen zu können wie früher in der Heimarbeit. Es ist nicht verwunderlich, daß die Zahl der Betriebe mit weniger als 5 Gehilfen im Deutschen Zollgebiete vom 1. Juli 1906 bis 31. März 1908 von 344 auf 417 stieg.

Aber die weitaus überwiegende Zahl von Heimarbeiterinnen wandte sich der Arbeit für die Großbetriebe zu. Freilich haben diese, wie oft erwähnt, ihren festen Stamm von Heimarbeiterinnen, den sie jederzeit einstellen können. Doch als die Großbetriebe nach der letzten Steuererhöhung neben den beiden anderen Mitteln [2] zur Produktionsverbilligung wieder mehr als früher Material in Heimarbeit vergeben mußten, da war es ihnen sehr willkommen, daß sich außer ihrem alten Stamm noch eine größere Zahl von solchen Heimarbeiterinnen vorfand, die in mittleren und kleinen Betrieben brotlos geworden waren. Allerdings konnten sie, wie erwähnt [3], nicht alle Anstellungsgesuche berücksichtigen, weil eben die Nachfrage nach Anstellung weit größer als das Angebot war.

So geschah es, daß durch die großen Geldersparnisse die Fabrikanten der Großindustrie die Zigaretten auch nach Inkrafttreten des Steuergesetzes von 1909 im allgemeinen zu den alten Preisen herstellen konnten. Der Konsum wuchs, und das kam indirekt den Fabrikarbeiterinnen zugute. So absonderlich es klingen mag, tatsächlich war die Heimarbeit in jenen ersten Monaten nach dem Inkrafttreten des neuen Steuergesetzes ein Sicherheitsventil für die Fabrikarbeiterinnen in der Großindustrie. Wäre es damals nicht möglich gewesen, in großer Zahl Heimarbeiterinnen einzustellen oder wäre gar die Heimarbeit gesetzlich verboten gewesen, wie es von der Sozialdemokratie gewünscht wurde, so hätte sich trotz Anschaffung von Maschinen und Errichtung von ländlichen Filialbetrieben die Erhöhung einzelner Marken nicht vermeiden

---

[1] Über die Löhne, die sie dafür erhalten, ließ sich auch nicht das Geringste feststellen.
[2] Vgl. S. 32 und 37.
[3] Vgl. S. 39.

lassen, es wäre auch in der Großindustrie zu Konsumrückgängen gekommen, und die Folge davon wäre Einschränkung der Arbeitzeit und Entlassung von Fabrikarbeiterinnen gewesen. Man hat es hier also mit der seltsamen Erscheinung zu tun, daß die unzulängliche Entlohnung der Heimarbeiterinnen (in diesem besonderen Falle) zum Segen der Fabrikarbeiterinnen gewesen ist[1].

Wie erwähnt, wurde durch das Gesetz von 1909 auch eine Erhöhung des Schutzzolls auf fertige Zigaretten bestimmt, durch den die mögliche Überschwemmung des deutschen Zigarettenmarktes mit ausländischen Erzeugnissen nach dem Inkrafttreten des Steuergesetzes auf deutsche Fabrikate verhindert wurde.

Die Großindustrie hat somit heute keinen Anlaß mehr, über die Gesetze von 1906 und 1909 zu klagen, denn sie hat den Kampf mit deren ungünstigen Wirkungen siegreich bestanden. Um die mittleren und Kleinbetriebe ist es schlecht bestellt. Freilich muß man bedenken, daß jetzt schon 50 % der Dresdner Zigarettenfabriken Großbetriebe sind, wie folgende Übersicht zeigt[2]:

Fabriken mit	1— 9	Arbeitern	. . .	5	Klein- und Mittelbetriebe
„ „	10— 24	„	. . .	11	
„ „	25— 49	„	. . .	7	
„ „	50—149	„	. . .	11	Großbetriebe
„ „	über 150	„	. . .	12	

Von den 12 größten Betrieben beschäftigen im Jahre 1911:

150— 400	Arbeiter	. . . .	3
400—1000	„	. . . .	7
1000—1500	„	. . . .	1
über 1500	„	. . . .	1

Wie sich jeweils auf die Fabriken Fabrik- und Heimarbeiterinnen verteilen, darüber ist von den Industriellen keine Auskunft zu erhalten, weil sie die Anzahl der Heimarbeiterinnen aus geschäftlichen Rücksichten geheim halten.

Als Ergebnis unserer bisherigen Betrachtung läßt sich feststellen: Die beiden Steuergesetze von 1906 und 1909 haben die natürliche Entwicklung zur Produktion mit Maschinen stark beschleunigt, hiermit die mittlere Industrie gelähmt, die kleine vernichtet, in Händen weniger Großindustrieller ungeheure Werte angesammelt und dadurch der Gefahr einer Vertrustung auch der deutschen Zigarettenindustrie vorgearbeitet.

---

[1] Damit soll natürlich den mangelhaften Lohnverhältnissen in der Heimarbeit nicht das Wort geredet werden.
[2] Die erste Tabelle ist nach der von Graack im Jahre 1909 aufgenommenen Statistik mitgeteilt. (Vgl. in der Zeitschrift „Arbeiterfreund" XLVII. Jahrg. I. Vierteljahrsheft. Berlin 1909.)

Daß sich im Gefolge der Steuerwirkungen auch ein stärkeres Zurückgreifen auf die fossile Arbeitform der Heimarbeit geltend machte, dürfte eine vorübergehende Erscheinung sein, die in einigen Jahren mit vermehrter Zunahme der Maschinenproduktion wieder auf oder gar unter ihren Stand von 1906 sinken wird.

Allmählich wird auch die Industrie wieder optimistischer; und wo sie noch schwarz färbt, dürfte sie es aus Furcht vor einer abermaligen Steuererhöhung tun; innerlich ist man aber hoffnungsvoller. Da in jüngster Zeit der Konsum wiederum stark zugenommen hat, so werden wahrscheinlich die Großbetriebe Dresdens in ihren nächsten Jahresberichten von einer bedeutenden Erhöhung des jeweiligen Gesamtumsatzes sprechen können.

V.
Arbeitzeit, Lohnverhältnisse, Lebenshaltung und gesundheitliche Lage in der Heimarbeit.

Es sei hier vorausgeschickt, daß man für die Heimarbeit in der Dresdner Zigarettenindustrie nicht Kinderarbeit noch Arbeit von mehr als einer Person in der Familie[1] noch Trucksystem[2] noch die unerfreuliche Erscheinung des Zwischenmeistertums kennt[3]. Die schlimmsten Übelstände, die sonst mit dem Gedanken an Heimarbeit verknüpft, sind hier nicht vorhanden. Trotzdem kommt einem das Absonderliche der Heimarbeit genug zum Bewußtsein: Was für die Besprechung der Fabrikarbeit in allen Industriezweigen eine breite Darstellung verlangt, das verflüchtigt sich bei der Heimarbeit in Undeutliches oder Unsichtbares, nämlich die Fragen nach Arbeitzeit und Lohn.

1. **Für Heimarbeiterinnen gibt es keine Beschränkung der Arbeitzeit.**

Ich habe mich vergeblich der Mühe unterzogen, einmal zahlenmäßig zu erfassen, wieviel Stunden am Tage bzw. in der Woche die Heimarbeiterinnen für die Fabrik zu tun haben. Ich mußte aber schließlich einsehen, daß eine auch nur annähernd richtige Zahl, geschweige denn ein scharfes zahlenmäßiges Erfassen sich nicht geben läßt.

Eine annähernde Vorstellung von der Arbeitzeit und ihrer Einteilung erhält man nur, wenn man sich vergegen-

---

[1] Vgl. auch S. 24 (Nr. 10 der Bestimmungen für die Heimarbeiterinnen).
[2] Die sächsische Gesetzgebung verbot das Trucksystem schon durch die Verordnungen vom 22. Oktober 1849 und vom 18. Dezember 1855.
[3] Nur eine Berliner Zigarettenfabrik läßt in Dresden ihre Zigarettenhülsen in Lohnwerk herstellen. (Über Lohnwerk vgl. S. 10 Anm. 1.)

wärtigt, wie der Tag einer Heimarbeiterin im allgemeinen verläuft. Ich habe mir von über 50 Heimarbeiterinnen ihre Tages- bzw. Wochentätigkeit schildern lassen und glaube auf Grund dessen sowie mancher persönlicher Beobachtungen und sonstiger Mitteilungen etwa sagen zu dürfen.

Im großen und ganzen beginnt der Tag für diese Frauen mit der Zubereitung des Frühstücks für den Mann, der schon früh am Morgen auf Arbeit — meist in die Fabrik — geht; dann für die schon schulpflichtigen Kinder, und es muß auch für die noch nicht schulpflichtigen gesorgt werden. Darauf folgt das Reinmachen der kleinen Wohnung: Auslegen der Betten usw. Das Mittagessen muß vorbereitet und gekocht, möglicherweise auch dem Manne zum Arbeitplatz — das ist z. B. bei Bauarbeitern der Fall — gebracht werden. Kommt hingegen der Mann zum Essen nach Haus, so bleibt noch Zeit zum Waschen, Bügeln oder anderen häuslichen Arbeiten wie Nähen, Flicken u. dgl. Selten finden die Frauen schon vormittags Zeit zum Zigarettenwickeln bzw. Hülsenkleben. Nur wenn der Mann etwa englische Arbeitzeit hat, ist das möglich. Sonst aber findet die Frau zur Heimarbeit erst Zeit, wenn sie nach dem Mittagessen das Geschirr aufgewaschen hat. Dann vermag sie günstigenfalls 3—4 Stunden ungestört zu arbeiten. Das ist dann auch die Zeit, in der die schulpflichtigen Kinder ihre Schularbeiten erledigen. Wo aber noch Kinder unter sechs Jahren und keine älteren Geschwister sind, die sie beaufsichtigen könnten, da hat es die Frau viel schwieriger und wird naturgemäß immerwährend beim Arbeiten unterbrochen. Abends nach dem Essen beginnt aber für die meisten Heimarbeiterinnen erst die eigentliche Arbeit; da sitzen sie bis in die Nacht hinein vor ihrem Tisch, um das verlangte Quantum rechtzeitig fertig zu liefern [1]. Enger begrenzt ist die Zeit noch an den Lieferungstagen, an denen mit Bringen und Holen des fertigen Produktes bzw. des Rohmaterials immerhin mehrere Stunden verloren gehen.

Dies gilt besonders für die auswärtigen Heimarbeiterinnen, die — größtenteils aus dem Plauenschen Grunde bei Dresden [2] — den recht weiten und ziemlich steilen Weg zu Fuß zurücklegen, um die Eisenbahnfahrkarte zu sparen.

Viele Fabriken lassen ihre Heimarbeiterinnen sämtlich zur selben Stunde die Zigaretten zurückbringen. Erst wenn sie alle abgeliefert haben, erhalten sie neues Material [3]. Dieser

---

[1] Sonntags wird nur ausnahmsweise gearbeitet.
[2] Vgl. S. 25.
[3] Es ist nicht verständlich, daß die Heimarbeiterinnen bei dieser Gelegenheit sich nicht gegenseitig über ihre Löhne aussprechen könnten. Tatsächlich kennen 'aber die Frauen — von wenigen Ausnahmen abgesehen — gegenseitig ihren Verdienst nicht. Bei der Schwatzhaftigkeit und Klatschsucht solcher Frauen ist es erstaunlich, zumal sie, wie mir

drückenden Gepflogenheit sucht der Entwurf eines Hausarbeitgesetzes in einer besonderen Bestimmung entgegenzuwirken.

Es ist richtig — was von den Anhängern der Heimarbeit oft gesagt wird —, daß manche Frauen ihre Zeit falsch einteilen und so die Nacht zum Tage machen, auch wenn sie am Tage Zeit zur Arbeit fänden. Aber das trifft doch nicht auf die Mehrzahl der Frauen zu.

Soweit mir nun positive Zahlenangaben über die Arbeitzeit gemacht wurden, sind sie so unwahrscheinlich, daß auf ihre Wiedergabe verzichtet werden muß.

2. Die Lohnfrage läßt sich also nur aus dem Gesichtspunkte dieser extensiven Arbeit betrachten.

Der Lohn wird, wie gesagt [1], sofort bei der Ablieferung gezahlt und beträgt für Hülsenarbeiterinnen 40 Pfg. fürs Tausend, zuzüglich 10 Pfg. für „Quetschen", zusammen also 50 Pfg. fürs Tausend. Die Hülsenarbeiterinnen verdienen wöchentlich im Durchschnitt 5—6 Mk.

Die Fabrikarbeiterinnen, die ihre für den nächsten Tag zur Fabrikarbeit nötigen Hülsen am Abend in ihrer Wohnung kleben, erhalten für diese Tätigkeit einen Lohnzuschlag von 20—70 Pfg. fürs Tausend [2].

Die Zigarettenmacherinnen erhalten für das Drehen der Zigaretten durchschnittlich 1,30—1,50 Mk. fürs Tausend, höchstens 1,60 Mk; sie verdienen wöchentlich im Durchschnitt 6,25—6,75 Mk. Aber der Wochenlohn einer Zigarettenarbeiterin aus der Fabrik beträgt durchschnittlich 13—15 Mk.!

Bei der extensiven Arbeit dieser Frauen wollen die Fabrikanten nicht mehr zahlen als so geringen Lohn, der kein Entgelt für die mühselige — wenngleich nicht schwierige — Arbeit des Zigarettendrehens darstellen kann. Bedenkt man noch, daß vielfach auch die Männer dieser Frauen schlechten Lohn erhalten, so kann man sich eine Vorstellung von der Lebenshaltung in vielen Heimarbeiterfamilien machen.

Die Entlohnung geschieht für jeweils 1000 Stück; die Arbeiterinnen rechnen aber alle nach Wochenlohn.

3. Die Lebenshaltung ist in der Tat auch schlecht genug. Fleisch kommt höchstens Sonntags auf den Tisch. Als gebräuchlichste Nahrungsmittel dienen Kartoffeln, Kaffeesurrogate, Graubrot, Hülsenfrüchte, Margarine. Man wird freilich den Wert des Graubrots und der Hülsenfrüchte nicht unterschätzen, aber man vermißt gerade Speisen von besonderem Nährwerte wie **Butter, Obst, frische Gemüse;** sie

---

bestätigt wird, oft zusammen beim Abholen des Materials einen Teil des Heimweges zurücklegen. Es läßt sich keine Erklärung dafür finden, besonders nicht, wenn man weiß, daß die Fabriken fast alle dieselben Lieferungstage haben.

[1] Vgl. S. 12.
[2] Der durchschnittliche Wochenlohn konnte nicht festgestellt werden.

kommen so gut wie gar nicht auf den Tisch. In den Bergwerksgegenden (Großburgk usw.) spielt dann noch der Branntwein seine verhängnisvolle Rolle.

Wenn von Fabrikanten oft versichert wird, die jährlichen Lohnsummen seien höher als in der verwandten Zigarrenindustrie, so muß man sagen, daß das „solamen miseris socios habuisse malorum" in volkswirtschaftlichen Dingen keine Geltung haben darf; die Lohnsummen für das Jahr 1910 betrugen nach dem Berichte der Tabakberufsgenossenschaft 586 Mk., für die Zigarettenindustrie 818 Mk. Wenn sich nun für die Heimarbeiterinnen in der Dresdner Zigarettenindustrie eine Summe von durchschnittlich 300 Mk. im Jahre ergibt, so steht dies den Versicherungen der Fabrikanten schroff gegenüber. Soll man Löhne ausreichend nennen, die ihren Empfängern nicht einmal den Genuß der gesündesten und notwendigsten Nahrungsmittel erlauben?

Die Lage dieser Leute wird noch erschwert durch die hohen Mietpreise, die sie nicht nur in der Großstadt Dresden, sondern auch in dem großenteils stadtähnlichen Landkreise zu zahlen haben. Damit man sich eine Vorstellung von der Lebenshaltung solcher Familien machen kann, wird im Folgenden eine Zusammenstellung gegeben, die auf Grund der Fragebogen sich ergibt. Es sind die wichtigsten Tatsachen, die dort nebeneinander gestellt sind; sie sprechen für sich und bedürfen mithin kaum eines Kommentars.

Fortlaufende Nummer	Verdienst des Mannes im letzten Jahre Mk.	Verdienst der Frau im letzten Jahre Mk.	Anzahl der Kinder	Gesamtzahl der Familie	Anzahl der Räume [2]	Mietpreis Mk.
1	1660	22![1]	3	5	4	270
2	1508	286	4	6	4	225
3	1040	285	kinderlos	2	4	270
4	1706	312	1	3	3	240
5	1430	25!	kinderlos	2	3	240
6	1560	25!	1	3	5	270
7	936	310	5	7	5	400
8	1303	286	4	6	4	270
9	verstorben, Witwe erhält wöchentlich von den Eltern	300 520 zus. 820	2	3	3	235
10	1035	338	4	6	5	275
11	1560	271	3	5	3	250

[1] Das Ausrufungszeichen hinter einer Zahl in dieser Kolumne bedeutet, daß die betr. Frau Hülsenarbeiterin ist.

[2] Korridor und Küche werden in diesen Familien als bewohnbare Räume mitgezählt. Die Küche wird stets, der — unscheinbare — Korridor je nach Witterung bewohnt.

Fortlaufende Nummer	Verdienst des Mannes im letzten Jahre Mk.	Verdienst der Frau im letzten Jahre Mk.	Anzahl der Kinder	Gesamtzahl der Familie	Anzahl der Räume	Mietpreis Mk.
12	1568	250	6	8	5	280
13	1820	315	3	5	5	305
14	1455	295	1	3	4	270
15	1433	306	kinderlos	2	4	300
16	1558	257	1	3	4	245
17	1352	310	kinderlos	2	5	340
18	1665	300	7	9	5	360[1]
19	1309	284	4	6	4	250
20	1720	311	6	8	6	240
21	1674	24!	3	5	4	255
22	1506	312	kinderlos	2	3	240
23	1500	302	4	6	4	280
24	1436	270	2	4	3	240
25	1600	270	kinderlos	2	3	230
26	1505	300	3	5	5	260
27	1500	390	5	7	3	285
28	1767	258	2	4	4	250
29	1370	305	2	4	3	250
30	1920	282	5	7	4	275
31	1510	290	1	3	4	250
32	1248	312	4	6	5	270
33	1550	285	2	4	4	255
34	1520	295	4	6	5	275
35	1663	290	2	4	4	255
36	1300	290	3	5	3	220
37	1540	287	8	10	4	235
38	3500	285	1	3	4	280
39	1460	23!	1	3	3	245
40	1555	280	1	3	5	270
41	530	290	?	2?	3	120
42	1500	284	kinderlos	2	4	250
43	1410	295	1	3	3	245
44	1400	285	4	6	4	260
45	1475	275	4	6	4	270
46	1600	300	4	6	4	260
47	1400	278	2	4	3	240
48	1000	304	4	6	5	240
49	1570	300	4	6	4	260

Die hier zusammengestellten Mietpreise gelten nicht nur für Dresden, sondern auch für seinen Landkreis. Man sieht aus der Übereinstimmung der Mietpreise, wie stark dieser Landkreis industrialisiert sein muß, wenn dort so hohe Mietpreise verlangt werden. Die Wohnungen — besonders in der Stadt — sind größtenteils ungesund. Es wird besonders viel über die schlechte Heizbarkeit der Zimmer infolge Versagens

---

[1] Von diesen 360 Mk. zahlen die Eltern der Arbeiterin 130 Mk.

der Öfen geklagt. Auch sonst lassen die Wohnungen viel zu wünschen übrig. Elektrisches Licht habe ich seltsamerweise kein einziges Mal vorgefunden, obwohl es doch sonst in Gegenden mit starker Industrie nichts Ungewöhnliches ist.

Ein besonders trauriges Kapitel bilden die Schlafräume, die durchweg zu klein sind; dabei werden zu Schlafzimmern meistens schon von diesen Familien die größten Räume gewählt. Oft müssen fünf Personen in einem Schlafzimmer zubringen.

Wenn einem die Not[1] nicht sogleich ins Auge fällt, so beweist das noch nicht, daß sie vielleicht überhaupt nicht vorhanden wäre. Man kann denen nicht zustimmen, die den im ersten Augenblick freundlichen Eindruck vieler Wohnungen für ein Zeichen des Wohlergehens ihrer Bewohner halten. Man kann höchstens bestaunen, daß die Frau dann in ihren beschränkten Verhältnissen es verstanden hat, die Not ein wenig zu übertünchen. Und wenn es gewiß erfreulich und anerkennenswert ist, daß viele Heimarbeiterinnen ihr Zimmer so freundlich ausgestattet haben, daß man die schmutzigen Tapeten, die rissigen Decken, die abgetretenen Fußböden vergißt, so darf man andererseits auch nicht verschweigen, daß oft eine solche Ausstattung nur möglich war, weil die Frauen dafür am unrechten Orte, z. B. an Essen und Trinken sparten. Häufig teilen sich Mann und Frau ihren Verdienst so ein, daß der Verdienst der Frau für bestimmte Ausgaben zurückgestellt wird, wie z. B. für Anschaffungen für die Kinder, für Miete, für Kohlen und Holz usw.

Es mag auf den ersten Blick gewagt erscheinen, daß aus der obigen Liste von nur 49 Personen überhaupt Schlüsse gezogen sind. Ein derartiger Einwurf könnte berechtigt erscheinen, wenn die Heimarbeiterinnen nicht in ihren Wohnungen selbst aufgesucht und studiert und immer gerade über alles, was Wohnungsangelegenheiten betrifft, genauestens ausgefragt wären. Hinzu kommen noch die Eindrücke durch Augenschein in jenen Wohnungen.

4. Nach dem Gesagten erscheint es nicht verwunderlich, daß die gesundheitlichen Zustände recht ungünstig sind. Leider läßt sich aus den Berichten der Dresdner Ortskrankenkasse nichts Greifbares entnehmen, weil die Heimarbeiterinnen derzeit noch nicht versicherungpflichtig sind; die Tabellen über freiwillig versicherte Heimarbeiterinnen geben aber keine stichhaltigen Zahlen, aus denen man Schlüsse ziehen darf.

Oft liest und hört man von tabakdurchschwängerten Stuben, in denen die Heimarbeiterinnen angeblich die Zigaretten herstellen müssen; ja, schon auf dem Vorsaal schlägt einem

---

[1] Einen Nebenverdienst hat keine einzige dieser Frauen!

nach diesen Berichten der Tabakdunst entgegen. Das ist Phantasie! Man weiß heutzutage, daß die Verarbeitung des Tabaks für gesunde Menschen nicht schädlich ist. Die schreckhaften Schilderungen Ramazzinis vom Anfang des 18. Jahrhunderts sind längst widerlegt. Schon der Straßburger Arzt Ruef fand vor etwa siebzig Jahren[1], auf Grund vierzehnjähriger Beobachtungen: „La phtisie est rare parmi les ouvriers qui sont employés depuis leur enfance à la manipulation des tabacs de plus que cette maladie fait des progrès moins rapides qu'à l'état ordinaire chez ceux qui apportent dans ces ateliers un germe déjà développé..." Auch andere französische Ärzte[2] kamen zu denselben Ergebnissen[3]. Und Tiedemann schreibt in seiner Geschichte des Tabaks: „Nur anfangs bieten die Arbeiter dieselben Erscheinungen dar, wie sie bei Menschen vorkommen, welche Tabak zu rauchen beginnen. Sie leiden an Kopfschmerz, Schwindel und Übelkeit, verlieren die Eßlust, sind schlaflos, und zuweilen stellt sich Erbrechen und Durchfall ein. Nach wenigen Tagen verschwinden diese Zufälle aber, und die Arbeiter sind an die Ausdünstung des Tabaks gewöhnt. **Es ist kein Fall bekannt, daß ein Arbeiter am Narkotismus gestorben ist.**"

Da es zu Tiedemanns Zeit — um die Mitte des vorigen Jahrhunderts — noch keine deutsche Zigarettenindustrie[4] gab, und er deshalb im wesentlichen von der Zigarren- und auch der Rauchtabakfabrikation spricht, so kann man sagen, daß seine Betrachtungen im allgemeinen auf die Zigarettenarbeiter in erhöhtem Maße zutreffen, weil diese mit dem Tabak viel weniger in Berührung kommen, als die anderen Tabakarbeiter. Bormann[5] fand in seiner Arbeit auf Grund einer von ihm aufgestellten Tabelle Ergebnisse derselben Art. Er sagt: „(Es) treten die spezifischen Krankheiten der Tabakarbeiter (Tuberkulose, Bronchitis) nur bei den männlichen Personen besonders hervor; bei den Tabakarbeiterinnen dagegen ist ihre Häufigkeit nur wenig bzw. überhaupt nicht größer als bei der **gesamten** weiblichen Mitgliederschaft der Ortskrankenkasse. Dies hat seinen Grund zum Teil darin, daß in den Zigarettenbetrieben gerade **die** Arbeiten,

---

[1] Gazette médicale de Strasbourg 1845, Spalte 155.

[2] Die französischen Ärzte arbeiteten überhaupt zuerst von allen über diese Frage in der neueren Zeit.

[3] Wenn Tuberkulose dennoch häufig vorkommt, so ist das eine Folge schlechter Lebenshaltung.

[4] Er erwähnt Zigaretten überhaupt nicht, während er sonst von allen anderen Formen des Tabakgenusses spricht; er scheint sie demnach nicht gekannt zu haben.

[5] Bormann, Die deutsche Zigarettenindustrie S. 106.

bei denen der meiste Tabakstaub entsteht, ... ausschließlich von **männlichen** Personen verrichtet werden. Zum Teil ist es aber eine Folge des Umstandes, daß sich unter den Tabakarbeitern ein höherer Prozentsatz von Personen, die in Zigarrenbetrieben tätig sind, befindet als unter den Tabakarbeiterinnen. Aus denselben Gründen finden sich auch Fälle von Nikotinvergiftung bei den männlichen Personen häufiger als bei den weiblichen." Wie mir von ärztlicher Seite versichert wird, entstehen aber solche Nikotinvergiftungen nicht, — wie Bormann anzunehmen scheint —, durch den Umgang mit Tabak, sondern die Nikotinkranken sind übermäßig starke Raucher.

Im allgemeinen gelten die hier zitierten Bemerkungen auch für die Heimarbeiterinnen in der Dresdner Zigarettenindustrie. Allerdings spielen bei ihr Blutarmut, Krankheiten der Atmungswege und die Tuberkulose in ihren verschiedensten Formen eine größere Rolle als bei den Fabrikarbeiterinnen, vermutlich infolge der schlechteren Ernährung. So günstig, wie es Ruef schildert, ist es mit der Tuberkulose nicht bestellt. Es kann nicht bestritten werden, daß durch eben diese mangelhafte Lebenshaltung und die traurigen Wohnungsverhältnisse solche Krankheiten nie recht aussterben in diesen Familien. Allerdings ist richtig[1], daß sich der Zigarettenarbeit, weil sie leicht ist, Personen zuwenden, die schon von vornherein nicht ganz gesund sind.

Gerade weil die Dresdner Zigarettenfabrikanten — mit Recht! — die hygienischen Einrichtungen ihrer Fabrikbetriebe preisen, fällt einem umsomehr der schlechte Gesundheitzustand in der Heimarbeit auf.

Die ärztlichen Gutachter gehen alle so weit, völliges Verbot der Heimarbeit zu fordern. Wir müssen aber sehen, daß aus volkswirtschaftlichen Gründen ein solcher Radikalismus nicht anzuerkennen ist: Bessert sich die wirtschaftliche Lage der Heimarbeiterinnen, so hebt sich auch ihr Gesundheitzustand.

VI.

Würdigung der Heimarbeit und Vorschlag zu ihrer gesetzlichen Regelung.

Wir haben gehört, daß die beschleunigte Entwicklung zur Produktion mit Maschinen voraussichtlich zu einem allmählichen Absterben der Heimarbeit in der Dresdner Zigaretten-

---

[1] Vgl. die Broschüre des Verbandes der Deutschen Zigarettenindustrie über die Arbeitverhältnisse in der deutschen Zigarettenindustrie S. 15.

industrie führen wird. Solange aber die Heimarbeit dort immer noch eine bedeutende Rolle spielt, muß naturgemäß dafür gesorgt werden, daß ihre großen Schattenseiten möglichst gemildert bzw. ganz beseitigt werden.

Den einen Übelstand, die Unsauberkeit, hatte das große Publikum erkannt, weil es seine unangenehmen Folgen zu spüren fürchtete. So kamen die Arbeitgeber auf den Gedanken einer Kontrolleinrichtung; sie ward von ihnen also nicht aus Liebe zu den Heimarbeiterinnen begründet, — woraus man ihnen vernünftigerweise keinen Vorwurf machen kann —, sondern aus Besorgnis vor einer Abwendung der Konsumenten und um ein Eingreifen der Gesetzgebung unnötig zu machen[1]. Die Fabrikanten hofften, der Regierung sagen zu können, den hygienischen Anforderungen des Publikums wäre durchaus Rechnung getragen; Publikum und Industrie wären mit der Kontrolleinrichtung zufrieden, und es bestände also nicht der geringste Grund zu gesetzgeberischen Maßnahmen.

Tatsächlich wurde aber nur den meisten unsauberen Vorkommnissen ein Riegel vorgeschoben: Die Dresdner Kontrolleinrichtung hat zweifellos das Gute, daß sie dem Konsumenten einen gewissen hygienischen Schutz bietet. Man darf sogar zugeben, daß die Beeinflussung in der vorsichtigen und taktvollen Weise der Kontrollbeamtin für die Heimarbeiterinnen selbst mancherlei Angenehmes mit sich bringt. Aber selbst der beste Wille und die bestgemeinten Ratschläge können nicht dazu ausreichen, die Not der Heimarbeiterinnen durch eine solche Einrichtung aus der Welt zu schaffen.

Aber die Zigarettenfabrikanten haben ja auch gar kein materielles Interesse daran, daß den Heimarbeiterinnen wirklich aus ihrer Notlage geholfen wird, denn der Wert der Heimarbeit besteht eben — abgesehen von billigen Löhnen — für den Arbeitgeber in der Möglichkeit, bei veränderter Wirtschaftslage Menschenmaterial zur Verfügung zu haben, das ihm unbedingt unterworfen ist infolge seiner Schwäche. Besonders wenden sich die Fabrikanten an die Heimarbeiterinnen in Zeiten des Streiks, weil sie hoffen, in diesen unorganisierten Frauen Ersatz für die Streikenden zu finden. Manchmal haben sie mit dieser Hoffnung Erfolg. Es wäre aber falsch anzunehmen, daß die Heimarbeiterinnen nicht durch die Tat — d. h. ebenfalls durch Streik — ihre Sympathie mit den Kolleginnen in der Fabrik bewiesen. Manicke[2] und andere haben unrecht, wenn sie von „zufriedenen" Heimarbeiterinnen sprechen. Im Gegenteil, die Arbeiterinnen sind nie zufrieden; sie fühlen sich nur zu schwach zur Wehr gegen die ungünstigen

---

[1] Vgl. S. 17.
[2] In Schanz' Finanzarchiv S. 319 u. 320, Jahrg. 1906 Bd. II.

Wirtschaftsbedingungen, unter denen sie leben müssen. Die unglücklichen Lohnverhältnisse haben zu einer erschreckenden Anhäufung von Haß gegen die Unternehmer geführt, der sich nur vorläufig noch nicht Luft zu machen wagt.

Man sollte also meinen, es wäre im ideellen Interesse der Industriellen selbst, wenn sie den Erlaß eines Heimarbeitgesetzes möglichst schnell zu veranlassen suchten. Statt dessen spricht der Verband der Deutschen Zigarettenindustrie in seinem letzten Geschäftsbericht die Hoffnung aus, der Entwurf eines „Hausarbeitgesetzes" werde „nach Lage der Dinge" nicht zustande kommen.

„Was ihr nicht wägt, hat für euch kein Gewicht;
Was ihr nicht münzt, das, meint ihr, gelte nicht."

Den „Segen" der Heimarbeit wollen die Fabrikanten auch darin sehen, daß nach ihrer Behauptung die Kinder von Heimarbeiterinnen weniger leicht dem jugendlichen Verbrechertum anheimfielen, (weil sie von den Müttern erzogen und beaufsichtigt werden könnten), als die Kinder von Fabrikarbeiterinnen, die ziemlich unbeaufsichtigt aufwachsen müßten. Angeblich soll darüber die Kreishauptmannschaft Dresden eine beweiskräftige Statistik aufgenommen haben. Auf meine Anfrage erklärte sie jedoch, die Statistik wäre nicht öffentlich. Auf weiteres Befragen erklärten die Vertreter der verschiedensten Industriezweige, das Reichsjustizamt, das Kaiserliche Statistische Amt, daß in dieser Behauptung der Dresdner Zigarettenfabrikanten ein Körnchen Wahrheit enthalten wäre, daß dies aber nicht schwer ins Gewicht fallen könnte und daß vor allem eine zahlenmäßige Feststellung nahezu ausgeschlossen wäre. Hier folge das Gutachten einer Autorität auf diesem Gebiete, das er mir auf meine Mitteilungen übersandte, des Staatsanwalts Dr. Erich Wulffen in Dresden.

„Zahlenmäßige Erfahrungen — gibt's auch sonst nicht — in der gewünschten Hinsicht liegen bei der hiesigen Staatsanwaltschaft und beim Jugendgerichte nicht vor. Die Frage läßt sich aber nicht schematisch richtig beantworten. Die Fabrikarbeit der Mutter bildet einen Faktor in dem Kriminalitätskoeffizienten der Kinder. Er wird zweifellos durch die Heimarbeit der Mutter verringert, da diese — bei sonst gleichen Umständen — eine bessere Beaufsichtigung der Kinder, ihrer regelmäßigen Beschäftigung usw. gewährleisten kann. Selbständige Kriminalitätsfaktoren bildet die Heimarbeit kaum, wenn sie nicht die Kinder selbst etwa zu sehr zur Mitarbeit heranzieht und sie hierdurch schädigt."

Viel wichtiger als diese Frage ist das Wohnungenelend in der Heimarbeit der Dresdner Zigarettenindustrie. Eine Wohnung mit zu engen und ungesunden Schlafräumen muß in Verbindung mit hohen Mietpreisen, mangelhafter Ernährung, aufgespeichertem Haß gegen Lohndrückerei der Kolleginnen und geringe Entlohnung seitens der Unternehmer schließlich nicht nur physisch, sondern auch ethisch verwirrend und bei nicht ganz gefestigten Charakteren entsittlichend wirken[1].

Deshalb ist es die Pflicht des Reiches, die schlimmsten Mißstände in der Heimarbeit zu beseitigen, und Regierung und Parlament haben dies nobile officium erkannt: Am 11. Februar 1910 legte die Regierung dem Reichstage den „Entwurf eines Hausarbeitgesetzes" vor, in dem eine Reihe von wertvollen Vorschlägen getan waren. Der Reichstag hat in langwierigen Kommissionsberatungen[2] noch einige Verbesserungen in den Gesetzentwurf aufgenommen, der in der zweiten Hälfte des November 1911 zur zweiten und dritten Beratung im Plenum des Reichstags gelangen soll. Leider haben sowohl Regierung als Reichstag an der falschen Verbindung und Vermischung zwischen Hausarbeit und Heimarbeit festgehalten. Vielleicht kann man hoffen, daß im Plenum auch dieser Punkt noch einer Verbesserung unterzogen wird, denn es sind noch andere, zum Teil grundlegende Änderungen für den Gesetzentwurf, wie er aus der Kommission gekommen ist, für die Plenarberatung vorgesehen[3].

Deshalb mußte auch an dieser Stelle darauf verzichtet werden, in eine Einzelbesprechung der zahlreichen Entwurfsbestimmungen und Anträge einzutreten. Wenn man etwas in dieser Angelegenheit als Wunsch aussprechen kann, so ist es dies: daß sich das Parlament in einer so wichtigen Frage von allen Parteimeinungen fernhalten, vielmehr das prüfen und beschließen möge, was für die Heimarbeiterinnen notwendig ist. Es möge auch allzu schematische Beschlüsse vermeiden, damit nicht durch unausführbare Bestimmungen verdorben werde, was sonst an dem Gesetz gut ist. Möchten sich Bundesrat und Reichstag angesichts der Not in der Heimarbeit auch des alten Spruches erinnern: Bis dat, qui cito dat.

---

[1] Ein Verbot der Heimarbeit hätte unter diesen Umständen katastrophale Wirkung.

[2] Bis zum 29. November 1910.

[3] Inzwischen ist unter dem 20. Dezember 1911 ein „Hausarbeitgesetz" erlassen worden, das teilweise am 1. April 1912 in Kraft tritt. Es will einem Teil der jahrzehntealten Beschwerden durch sachgemäße Bestimmungen den Boden entziehen. Welche Wirkungen es im einzelnen haben wird, läßt sich heute noch nicht absehen.

Quellen zu der vorstehenden Arbeit.

I. Mündliche und schriftliche Mitteilungen von Arbeitgeber- und Arbeitnehmerverbänden, Handelskammern, der Ortskrankenkasse Dresden, von Fabriken und einzelnen Arbeitern, von Behörden wie z. B. dem Statistischen Amte und ähnliches.

II. Besuch bei 32 Heimarbeiterinnen mit der Kontrollbeamtin. Er galt der Gewinnung von allgemeinen Eindrücken und auch dem Studium der Kontrollausübung. Von der Kontrollbeamtin wurde mir außerdem mündlich und schriftlich sehr viel Material beigebracht.

III. Besuch bei 61 Heimarbeiterinnen [1], ohne Begleitung. Er diente der Vervollständigung der allgemeinen und der Gewinnung von Eindrücken und Mitteilungen hinsichtlich spezieller Fragen. Bei jedem Besuche wurde ein Fragebogen entweder von mir selbst oder in meiner Gegenwart von der Heimarbeiterin ausgefüllt, nachdem zuvor mit ihr die Beantwortung und Bedeutung der Fragen bis ins Einzelnste besprochen war. In vielen Fällen war eine vernünftige, brauchbare Antwort oder überhaupt eine solche nicht zu erhalten. Bei den 61 Heimarbeiterinnen sind nur diejenigen mitgezählt, deren Antworten auf die wichtigsten Fragen ausreichend lauteten (vgl. hierzu Anm. 1). Da die Antworten auf Nebenfragen (z. B. Frage 2) ungenügend waren, so sind sie in der Darstellung nicht berücksichtigt. Ursprünglich sollten die Fragebogen an die Frauen versandt werden, nachdem der Arbeitgeberverband der Zigarettenindustrie für Dresden und Umgegend einige Hundert Adressen angegeben hätte. Er verlangte aber zunächst die Vorlegung der ihm inhaltlich bereits bekannten Fragebogen. Ein solcher Beeinflussungsversuch mußte natürlich von mir zurückgewiesen werden. Die Adressen wurden mir dann von einer bestimmten Stelle der Großindustrie zugestellt und in der auf Seite V angegebenen Weise persönlich vervollständigt.

IV. 1. Bericht der Tabak-Enquête-Kommission über den Tabakbau, den Handel mit Rohtabak, die Tabakfabrikation usw. (Statistik des Deutschen Reichs; vgl. unten).

2. Reichstagsaktenstücke und -Drucksachen besonders aus den Jahren 1878, 1879, 1882, 1905—1911.

---

[1] Es wurden also insgesamt 93 Heimarbeiterinnen aufgesucht; nicht mitgerechnet sind dabei diejenigen, bei denen ich keine oder eine für meine Zwecke nicht ausreichende Antwort erhielt. Das waren 25—30.

3. Stenographische Sitzungsberichte des Reichstags, besonders aus denselben Jahren.
4. Reichsgesetzblatt in verschiedensten Jahrgängen.
5. Zentralblatt für das Deutsche Reich in verschiedensten Jahrgängen.
6. Statistik des Deutschen Reichs.
7. Statistisches Jahrbuch für das Deutsche Reich.
8. Statistisches Handbuch für das Deutsche Reich.
9. Vierteljahrshefte zur Statistik des Deutschen Reichs.
10. Statistisches Jahrbuch für die Stadt Dresden.
11. Deutsches Handelsarchiv.
12. Jahresberichte der Tabakberufsgenossenschaft.
13. Geschäftsberichte der Ortskrankenkasse Dresden.
14. Jahresberichte der Dresdner Handelskammer.

V. 1. Ramazzini: De morbis artificum. Utrecht 1703.
2. G. Wieck: Industrielle Zustände Sachsens. Chemnitz 1840.
3. Friedrich Tiedemann: Geschichte des Tabaks uud anderer ähnlicher Genußmittel. Frankfurt a. M. 1854.
4. Dr. Hirth: Die Berufskrankheiten der Arbeiter. Leipzig 1878.
5. Heinrich Müller: Untersuchungen über die Kriminalität in ihrem Zusammenhange mit den wirtschaftlichen Verhältnissen. Halle a. S. 1899.
6. Paul Hirsch: Die soziale Gesetzgebung im 19. Jahrhundert. Berlin 1902.
7. Schellenberg: Die Hygiene der Tabakarbeiter, in Weyls Handbuch der Hygiene. Leipzig 1894.

8. J. Rheinbold: Das Zigarettensteuergesetz vom 3. Juni 1906 nebst Ausführungsbestimmungen, Vollzugsanweisungen und Erläuterungen. Berlin 1906.
9. Käthe Kalisky: Die Hausindustrie in Königsberg in Preußen. Leipzig 1907.
10. Julius Lissner: Die deutsche Tabaksteuerfrage. Leipzig 1907.
11. Kurt Bormann: Die deutsche Zigarettenindustrie. Tübingen 1910.
12. Ludwig Heyde: Die volkswirtschaftliche Bedeutung der technischen Entwicklung in der deutschen Zigarren- und Zigarettenindustrie. Stuttgart 1911.

13. Handwörterbuch der Staatswissenschaften.
14. Erdmann Graack: Arbeiter- und Lohnverhältnisse in der Zigarettenfabrikation. (Im „Arbeiterfreund". XLVII. Jahrgang. I. Vierteljahrsheft. S. 27 ff. Berlin 1909.)
15. R. Broda: Das Problem der Heimarbeit. (In den Doku-

menten des Fortschritts — deutsche Ausgabe — 3. Jahr. 10. Heft. S. 759 ff. Berlin 1910.)

16. Eine Protestschrift der deutschen Zigarettenindustrie gegen Bormanns Buch. 1910.

VI. 1. Geschäftsberichte des Verbandes der deutschen Zigarettenindustrie.
2. Jahresberichte verschiedener Dresdner u. Berliner Zigarettenfabriken.
3. Berichte der Kontrollbeamtin des Arbeitgeberverbandes der Zigarettenindustrie für Dresden und Umgegend.
4. Jahresberichte des deutschen Deutschen Tabakarbeiterverbandes.
5. Korrespondenzblatt der Generalkommission der Gewerkschaften Deutschlands.

VII. 1. Conrads Jahrbuch für Nationalökonomie und Statistik in verschiedenen Jahrgängen.
2. Die Soziale Praxis, herausgegeben von Francke, in verschiedenen Jahrgängen.
3. Schanz' Finanzarchiv (Zeitschrift für das gesamte Finanzwesen), herausgegeben von Dr. G. v. Schanz; Jahrgänge 1906 und 1909.

VIII. Gutachten des Staatsanwalt Dr. E. Wulffen in Dresden zur Frage des jugendlichen Verbrechertums.

IX. 1. Zigarren- und Zigarettenspezialist. Unabhängiges Antitrustorgan; früher Mannheim, jetzt Berlin.
2. Süddeutsche Tabakzeitung. Mannheim.
3. Der Tabakarbeiter. Leipzig.
4. Gazette médicale de Strasbourg (Jahrgang 1845).

Fragebogen.

Dieser Fragebogen dient lediglich einer rein wissenschaftlichen Untersuchung über die Lage der Heimarbeiter.

1. Name: ....
2. Beruf des — wenn auch verstorbenen — Vaters und der Mutter: ....
3. Wann und wo sind Sie geboren? ....
4. Männlich — weiblich — ledig — verheiratet — geschieden — eheverlassen — verwitwet [1]. ....
5. Wo haben Sie die Schule besucht und vom wievielten bis zum wievielten Lebensjahre? ....
6. Was taten Sie zwischen Schulentlassung und Heirat? ....
7. In welchem Alter haben Sie sich verheiratet? ....
8. Wie lange haben Sie sich jeweils vor und nach der Niederkunft geschont? ....
9. Wieviel Kinder leben jetzt noch? Wie alt sind sie? Verdienen sie schon mit? Und welchen Beruf haben sie? ....
10. Beruf des Mannes: ....
11. Wöchentlicher Verdienst des Mannes: ....
12. Jährlicher Verdienst des Mannes (Durchschnitt)*: ....
13. Alter des Mannes: ....
14. Seit wann wohnen Sie in Ihrem jetzigen Wohnort und woher stammt Ihr Mann? ....
15. Ihr eigener Wochenverdienst [2] *: ....
16. Ihr eigener Jahresverdienst (Durchschnitt)*: ....
17. Seit wann sind Sie Heimarbeiter bzw. Heimarbeiterin? ....
18. Haben Sie früher bei einer Zigarettenfirma Fabrikarbeit getan oder sonst in einer Fabrik gearbeitet? ....

[1] Bitte das Zutreffende zu unterstreichen!
[2] Falls Sie in Akkordlohn arbeiten, wollen Sie es bitte bemerken und alsdann den wöchentlichen Verdienst angeben.
* Statt dieses Durchschnitts ließ ich mir in allen Fällen den Verdienst des letzten Jahres angeben.

19. Arbeiten Sie mit Gürtel oder Maschine oder ohne mechanische Hilfsmittel[1]? ......
20. Welchen Nebenverdienst haben Sie noch? ......
21. Erhalten Sie eine Unterstützung und in welcher Höhe? ......
22. Sind Sie in einer Krankenkasse und seit wann? ......
23. Wieviel zahlen Sie an Miete im Jahre? ......
24. Wieviel Räume hat Ihre Wohnung? ......
25. Wieviel Zeit gebrauchen Sie, um tausend Zigaretten zu wickeln? ......
26. Wieviel Stunden arbeiten Sie täglich und wöchentlich? ......
27. Arbeiten Sie auch nachts und Sonntags? ......

[1] Bitte das Zutreffende zu unterstreichen!

Raum für besondere Mitteilungen:

Printed by Libri Plureos GmbH
in Hamburg, Germany